Die Umwelt schützen mit der Maus

Das findest du alles im Buch

SAVE
THE
PLANET

Unsere Umwelt verstehen, erleben und schützen

Hast du schon mal davon gehört, dass es auf der Erde immer wärmer wird, es sehr wichtig ist, den Müll zu trennen, und dass man Lebensmittel am besten aus der „Region“ kaufen soll? Und fragst du dich auch: Was bedeutet das alles eigentlich und warum ist das so?

Dann hast du genau das richtige Buch in der Hand! Denn hier erklären dir Maus, Elefant und Ente alles, was du über unsere Umwelt und ihren Schutz wissen musst.

Was ist eigentlich Energie und wie können wir sie sparen? Woher kommt unser Wasser und wohin fließt es, wenn wir es benutzt haben? Warum ist es nicht gut für die Umwelt, wenn wir (zu viel) Fleisch essen? Warum sollten wir immer darauf achten, wo die Kleidung, die wir kaufen, hergestellt wird? Und was sind die besten Ideen, um Müll zu vermeiden, Energie und Wasser zu sparen oder die Luft so sauber wie möglich zu halten?

In sieben Kapiteln geben die drei Freunde dir Antworten auf diese und viele spannende Fragen mehr rund um das Thema „Umweltschutz“ und verraten zudem noch ihre liebsten Bastel- und Experimentierideen und Rezepte. Außerdem zeigen sie dir mit vielen praktischen Tipps, wie du mit ganz einfachen Schritten Tag für Tag selbst die Umwelt schützen kannst.

Und jetzt: viel Spaß bei dieser spannenden Reise durch unsere Umwelt zusammen mit Maus, Elefant und Ente!

Für Wasserhelden und -heldinnen

Wir trinken es, wir waschen uns damit, wir säubern unser Geschirr und unsere Kleidung darin, es ist ein wichtiger und großer Lebensraum – Wasser ist so vielseitig und dabei lebenswichtig. Ohne das kühle Nass wäre unser Planet eine trockene Einöde, gäbe es kein Leben auf unserer Erde. Darum schütze auch du das Wasser – die Maus verrät dir auf den nächsten Seiten, wie.

So wichtig ist Wasser für uns

Wasser wird als „Lebenselixier“ bezeichnet. Aber ein Elixier ist doch ein Trank, den Zauberer, Hexen und Magier trinken, um einen Zauber zu wirken!, denkst du jetzt. Genau. Wasser ist sozusagen unser Zaubermittel. Es sorgt dafür, dass unser Körper so funktioniert, wie er es tut, und es kann durch nichts ersetzt werden. Unser Körper besteht nämlich zum großen Teil aus Wasser und das muss immer wieder aufgefüllt werden. Das ist bei allen Lebewesen, Mensch, Tier, Pflanze, so. Einige Tiere leben sogar im Wasser! Dir fallen bestimmt ein paar ein.

Wer braucht wie viel Wasser?

Ohne Wasser können wir Menschen nur drei oder vier Tage überleben, ohne Essen könnten wir dagegen wochenlang auskommen. Flüssigkeit kann man aber nicht nur zu sich nehmen, indem man ein Glas Wasser trinkt. Wasser steckt auch in allen Pflanzen und sogar in der Luft, zum Beispiel im Tau. Ein kleines Insekt kann sich an einem Tautropfen satt trinken, für uns Menschen reicht diese Menge natürlich nicht aus. Es gibt auch einige Tiere und Pflanzen, die es sehr lang ohne Wasser aushalten können: Kakteen, Palmen, mediterrane Kräuter (wie Thymian, Rosmarin), Wüstenmäuse, Kamele, Skorpione ... Lebewesen passen sich nämlich immer der Umgebung an, in der sie leben, und stellen sich bestmöglich darauf ein. So gehen Wüstentiere meist nachts auf Wassersuche, weil sie dann nicht noch durchs Schwitzen Flüssigkeit verlieren. Oftmals fressen sie Pflanzen, die Wasser speichern, weil es gar keine anderen Wasserquellen gibt.

Einem Skorpion reicht die Flüssigkeit aus, die er über seinen Giftstachel aus Insekten saugt. Kamele können in einer Viertelstunde 200 Liter Wasser trinken und speichern es bis zu vier Wochen in ihrem Körper, sodass sie so lang keine neue Flüssigkeit zu sich nehmen müssen. Und Ratten können sogar länger ganz ohne Wasser überleben als ohne Nahrung: bis zu zwei Wochen.

Woher kommt unser Wasser?

Weißt du, wo es überall Wasser gibt? Richtig: in Bächen und Flüssen, in Seen und Meeren. Auch Regen ist natürlich Wasser. Und aus unserem Wasserhahn fließt es auch. Aber das kommt ebenfalls aus der Natur, genauer gesagt aus der Erde, denn es ist größtenteils Grund- und Quellwasser. Unsere Urgroßeltern hätten uns vielleicht erzählen können, wie sie das Wasser damals mit Eimern aus Brunnen gezogen haben. Das müssen wir heute nicht mehr tun. Unser Wasser wird von Wasserwerken aus dem Boden nach oben gepumpt und noch mal gereinigt, bevor es über ein unterirdisches Netz aus Wasserrohren bei uns zu Hause ankommt.

Wohin fließt das Wasser, wenn wir es benutzt haben?

Wenn unser Schmutzwasser in den Abfluss fließt – ins Waschbecken oder auch die Toilette hinunter –, rauscht es über große unterirdische Abwasserrohre ins Klärwerk. All diese Rohre werden auch „Kanalisation“ genannt. „Klären“ bedeutet, etwas von Schmutz zu befreien. Das braune, stinkige Wasser wird in diesen Werken also gereinigt. Grober und feiner Dreck werden mit speziellen Sieben herausgefischt, am Ende kommen Bakterien hinzu, die die feinsten Schmutzteilchen einfach auffressen. Dann wird das Wasser zur Sicherheit noch einmal im Labor getestet, ob es wirklich sauber ist, bevor es wieder zurück in einen Fluss fließen darf. Von dort pumpt es das Wasserwerk nach oben und der Kreislauf geht von vorn los.

Unter der Stadt

Es gibt einige Städte, in denen man die Kanalisation sogar besichtigen kann. Das könnt ihr im Internet herausfinden. Diese Führungen sind ein echtes Abenteuer, denn immerhin steigt man sozusagen in das Kellergeschoss einer Stadt. Dort ist es dunkel und müffelt mitunter etwas. Aber es gibt eine Menge Wissenswertes zu erfahren.

Müssen wir unser Wasser schützen?

Wir haben das große Glück, dass wir in Deutschland sauberes Trinkwasser haben. In vielen Ländern der Welt ist das aber leider nicht so. Dort müssen die Menschen weite Strecken zurücklegen, um an Wasser zu gelangen. Und manchmal ist das Wasser nicht mal sauber und die Menschen können krank werden, wenn sie es einfach so trinken. Sie müssen es dann erst mindestens fünf Minuten kochen, um alle krankmachenden Keime darin abzutöten. Es ist also nicht selbstverständlich, dass wir sauberes und auch wohlschmeckendes Wasser haben, das einfach so aus unseren Wasserhähnen fließt, wenn wir es brauchen. Weil Wasser so kostbar ist – du weißt ja schon, ohne Wasser können wir nicht leben –, sollten wir es schützen.

So schädlich kann Müll im Wasser sein

Vielleicht hast du schon mal gehört, dass die Meere sehr verschmutzt sind. Das ist ein großes Problem, denn die Tiere, die darin leben, fressen den Plastikmüll und Co. Er landet also in ihrem Magen und entweder sterben sie daran oder aber wir essen zum Beispiel einen Fisch, der voller Müll ist. Dieser Müll ist aber so klein, dass wir ihn gar nicht sehen – er nennt sich „Mikroplastik". Das ist auch für unsere Gesundheit sehr schädlich. Darum ist es so wichtig, Wasser nicht zu verschmutzen. Auch du kannst dazu beitragen, dass die Meere oder auch kleinere Gewässer in deiner direkten Umgebung gereinigt werden. Es gibt viele Hilfsorganisationen, die sich dafür einsetzen und denen man spenden kann. Beispiele dafür sind die UNICEF oder der NABU. Einmal im Jahr gibt es den „Coastal Cleanup Day" („Küsten-Aufräumtag"), an dem freiwillige Helfer und Helferinnen an Küsten und Ufern Müll sammeln. Mehr dazu findest du unter: www.gewaesserretter.de.

Am 22. März ist Weltwassertag. Sammle doch mit deinen Freunden an einem Gewässer in deiner Nähe Müll!

So kannst du Wasser sparen

Wir können jeden Tag eine Menge Wasser sparen. Damit kannst auch *du* zum Schutz des Wassers und der Umwelt beitragen. Außerdem spart ihr Geld, wenn ihr weniger Wasser verbraucht. Und Wassersparen ist ganz einfach!

Das hier sind die besten Tipps:

1. Wasserhahn zudrehen: Man sollte nie das Wasser laufen lassen, wenn man es gerade eigentlich gar nicht braucht. Das heißt: Drehe zum Beispiel beim Zähneputzen oder beim Einseifen der Hände den Wasserhahn zu. Auch unter der Dusche gilt: Wenn wir uns einseifen, drehen wir den Hahn zu.

2. Zahnputzbecher benutzen: Wer einen Zahnputzbecher benutzt, verbraucht beim Zähneputzen viel weniger Wasser.

3. Duschen statt baden: In eine Badewanne passen 150 bis 200 Liter Wasser, das ist eine ganze Menge. Beim Duschen hingegen laufen „nur" etwa 30 bis 80 Liter Wasser den Abfluss hinunter. Also könntest du, grob gesagt, mit dem Wasser aus einer Badewanne dreimal duschen. Denke trotzdem auch beim Duschen daran: Beim Einseifen Wasser abdrehen, wie du schon in Punkt 1 erfahren hast.

4. Zusammen baden: Klar möchte man auch ab und zu mal baden. Dagegen ist auch grundsätzlich nichts einzuwenden. Es sollte nur möglichst selten sein. Und wenn du ein Geschwisterkind hast, badet doch einfach zusammen.

5. Kurz spülen: Wenn du nur Pipi gemacht hast, reicht es, wenn du die Spülung nur ganz kurz drückst.

6. Klamotten auslüften: Wenn Kleidung nicht schmutzig ist, reicht es, sie eine Nacht auf einem Bügel auszulüften (am besten an der frischen Luft), sie muss nicht immer gleich gewaschen werden. →

Ob eine volle Geschirrspülmaschine oder gesammeltes Wasser statt eines laufenden Wasserhahns – Wasser sparen ist nicht schwer und es hilft dabei so sehr!

7. Wasch- und Spülmaschine vollmachen: Erst wenn eine Maschine ganz gefüllt ist, sollte sie angestellt werden.

8. Spülbecken mit Wasser füllen: Anstatt Geschirr unter fließendem Wasser abzuwaschen, lass lieber etwas Wasser ins Spülbecken laufen. Darin werden zuerst Gläser und Tassen abgewaschen, dann wenig verschmutztes Geschirr und am Ende die Töpfe und Pfannen.

9. Regenwasser sammeln: Wenn ihr einen Garten habt, kann man Regenwasser in einer Regentonne, auf dem Balkon in einem Eimer oder einer Schale sammeln und es zum Blumengießen verwenden.

10. Wasser auffangen: Wenn man Gemüse oder Obst wäscht, lässt sich das Wasser in einer großen Schüssel auffangen und zum Blumengießen oder Putzen verwenden.

11. Tropfenden Hahn reparieren: Wenn es einen lecken Hahn gibt, zeige ihn Mama oder Papa – der sollte schleunigst repariert werden. Denn aus ein paar Tropfen wird schnell ein ganzer Eimer. In einer Stunde kommt ungefähr ein Liter Wasser zusammen, das sind in der Woche dann schon fast 200 Liter Wasser, die ganz unnötig verschwendet werden.

12. Obst und Gemüse aus der Region: Versuche, Obst und Gemüse zu kaufen, das aus der Nähe kommt und außerdem passend zur Jahreszeit ist. Denn wenn du zum Beispiel Tomaten oder Erdbeeren im Winter kaufst, kommen die meist aus südlicheren Ländern wie Spanien oder Süditalien. Dort müssen die Pflanzen in Gewächshäusern künstlich gewärmt und die ganze Zeit bewässert werden, was nicht gut ist, da diese Länder häufig sowieso schon unter Wassermangel leiden.

Wusstest du, dass man sich schon nach 21 Tagen an neue Routinen gewöhnt hat? Probiere es doch mit den Wasserspartipps einmal aus – du wirst sehen, nach drei Wochen machst du alles automatisch.

Wasser selbst herstellen

Dafür braucht du:

- *1 Kerze*
- *Feuerzeug*
- *durchsichtigen Becher (am besten aus Glas)*

1. Zünde im Beisein eines Erwachsenen die Kerze an.

2. Drehe den Becher um und halte ihn mit der Öffnung nach unten über die Flamme. Er sollte der Flamme aber nicht zu nah kommen. Nach kurzer Zeit schon bilden sich erste Wassertropfen an der Innenseite des Bechers.

3. Stelle den Becher ab und warte, bis er abgekühlt ist. Dann kannst du mit den Fingern die Feuchtigkeit in ihm fühlen.

Was ist passiert?

Erst mal musst du wissen, dass bei allem, was brennt, Sauerstoff aus der Luft benötigt wird. Wenn du den Becher zum Beispiel komplett über die Kerze stülpen würdest, würde sie ausgehen, weil ihr der Sauerstoff fehlt. Dann ist wichtig zu wissen, dass Wasser aus vielen kleinen Teilchen besteht, von denen jedes aus drei Atomen aufgebaut ist: zwei Wasserstoffatomen und einem Sauerstoffatom. Wasserstoff ist auch in der Flamme der Kerze enthalten. Und so verbinden sich die Sauerstoffatome aus der Luft mit den Wasserstoffatomen aus der Flamme zu Wasser.

Atome sind winzig kleine Bausteine, so klein, dass sie mit unseren bloßen Augen nicht zu sehen sind. Doch aus ihnen ist alles gemacht, was es auf der Welt gibt, egal ob fest, flüssig oder gasförmig.

Wasser natürlich reinigen

Dafür brauchst du:

- *5 TL Erde, am besten mit kleinen Ästchen, Steinchen und verdorrten Blättern*
- *3 möglichst gleich große Gläser (450 ml)*
- *Wasser*
- *Esslöffel (EL)*
- *groben Kies (kleine Steinchen)*
- *feinen Kies (etwa 1–2 mm Körnung, z. B. aus dem Aquariumgeschäft)*
- *Sieb (etwa 10 cm Durchmesser)*
- *Trichter, in den ein Kaffeefilter passt*
- *Kaffeefilter*

1. Fülle die Erde in das erste Glas und dieses außerdem halbvoll mit Wasser. Rühre mit dem Esslöffel um. Lass die Mischung etwas ruhen. Du wirst sehen, dass sich die schweren Teile schon bald am Boden absetzen.

2. Wasche nun den groben und feinen Kies ganz sauber. Diese Steinchen sind nämlich dein Filtermaterial.

3. Setze dann das Sieb auf das zweite Glas. Fülle es mit grobem Kies. Jetzt gießt du langsam das Wasser aus dem ersten Glas durch das Sieb. Behalte ein bisschen Restwasser im ersten Glas, um es später zu vergleichen.

4. Setze den Kaffeefilter in den Trichter und setze ihn auf das dritte Glas. Fülle einige EL feinen Kies hinein. Gieße nun das Wasser aus Glas zwei durch den Kaffeefilter. Das Wasser sollte ganz langsam und in der Mitte des Filters hindurchlaufen. Behalte auch hier im zweiten Glas etwas Wasser übrig. Das Wasser im dritten Glas ist jetzt sehr sauber. Aber Vorsicht, trinken solltest du es trotzdem nicht, weil darin noch Bakterien enthalten sein könnten, die einem ordentlich Bauchschmerzen bereiten können.

Vergleiche nun die Flüssigkeiten in den drei Gläsern, daran kannst du sehr schön erkennen, wie du es geschafft hast, das Wasser immer weiter zu reinigen.

Für Luftretter und -retterinnen

Wir atmen ein und atmen aus, den ganzen Tag lang, ohne darüber nachzudenken. Bei Kindern sind das 30.000 bis 35.000 Atemzüge, bei Erwachsenen etwas weniger. Dabei strömt Luft durch unsere Nase oder Mund in unseren Körper hinein – und versorgt diesen mit Sauerstoff. Dass die Luft, die wir und alle anderen Lebewesen zum Atmen brauchen, sauber ist, hast auch du in der Hand. Die Maus erklärt dir in diesem Kapitel, wie.

So wichtig ist Luft für uns

„So wichtig wie die Luft zum Atmen" – hast du diesen Spruch schon mal gehört? Wenn etwas so wichtig ist wie die Luft zum Atmen, dann bedeutet das, wir können ohne es nicht leben. Fast alle Lebewesen brauchen Luft zum Atmen. Genauer gesagt den Sauerstoff, der in der Luft steckt. Nur mit seiner Hilfe schaffen es unsere Körperzellen, aus der Nahrung, die wir zu uns nehmen, Energie, also Kraft, zu gewinnen. Damit der Sauerstoff in die Zellen gelangt, müssen wir ihn einatmen. Wir saugen die Luft über den Mund und die Nase in unsere Lunge ein. Die Lunge sieht ein bisschen aus wie ein umgedrehter Baum. Die Luftröhre ist sein Stamm, die Lungenflügel sind die vielen Äste. Überall dort hinein strömt die Luft, bis zu den allerfeinsten Lungenbläschen. Von dort geht die Luft dann in unser Blut über, das den Sauerstoff überallhin in unserem Körper transportiert. Luft ist ein Gemisch aus Gasen, das unsere ganze Erde umhüllt. Das nennt man auch „Atmosphäre". Sauerstoff ist ein Gas davon. Ein anderes ist Stickstoff, noch ein weiteres Kohlendioxid. Was sich auch in der Luft befindet, ist Dampf aus Wasser und Staub.

Luft sichtbar machen

Luft ist unsichtbar, trotzdem ist sie immer da. Und sie braucht auch Platz. Das bemerkst du, wenn du mit deiner Atemluft einen Luftballon aufbläst. Je mehr Luft du hineinpustest, umso größer wird der Ballon. Manchmal kannst du Luft aber auch sehen, zum Beispiel, wenn du sie durch einen Strohhalm in Wasser pustest. Dann steigen Blasen an die Wasseroberfläche. Das ist deine Luft. Oder wenn es draußen sehr kalt ist, kannst du aus den Schornsteinen den warmen Rauch aufsteigen sehen oder deine warme Atemluft vor dem Mund, wenn du ausatmest.

Etwas kann flüssig sein wie Wasser, fest wie Stein oder gasförmig. Es gibt auch Dinge, die sich von flüssig zu gasförmig verändern können, zum Beispiel wird Wasser, wenn es verkocht, zu Wasserdampf. Das ist ein Gas.

Der Kreislauf der Luft

In unserem Körper verwandelt sich der Sauerstoff, den wir einatmen, zu dem unsichtbaren Gas Kohlendioxid, auch CO_2 genannt, das wir dann wieder ausatmen. Aber auch, wenn zum Beispiel etwas verbrannt wird, wird Sauerstoff verbraucht (das weißt du schon von unserem Experiment auf Seite 18) und entsteht Kohlendioxid, das in der Luft landet.

Die Fotosynthese

Bei den Pflanzen funktioniert es genau andersherum wie bei uns Menschen: Sie ziehen sich das Kohlendioxid aus der Luft. Sie brauchen es, zusammen mit Wasser und Sonnenlicht, um sich zu ernähren und zu wachsen. Das nennt sich „Fotosynthese". Dabei entsteht Sauerstoff, den die Pflanzen dann sozusagen ausatmen – und wir wieder ein. In diesem Kreislauf lassen die Pflanzen uns leben und gleichzeitig wir die Pflanzen. Ist das nicht toll?

Die grüne Lunge der Welt

Am allermeisten Sauerstoff stellen die Regenwälder her, weil dort so unglaublich viele Pflanzen wachsen. Es gibt sie von Südamerika über Afrika bis nach Südostasien. Der größte Regenwald der Welt ist der am Amazonas in Südamerika, er wird auch „Die grüne Lunge der Welt" genannt.

Du kannst dir aber bestimmt auch vorstellen, dass wir sehr, sehr viele gesunde und große Pflanzen benötigen, um all den Menschen auf unserer Erde – immerhin sind das mittlerweile fast acht Milliarden! – genug gute und saubere Luft zum Atmen zu schenken. Eine große Buche zum Beispiel stellt in einer Stunde ungefähr so viel Sauerstoff her, dass 50 Menschen genauso lang amten können.

Aus dem Gleichgewicht

Leider verbrauchen die Menschen heute aber viel mehr Sauerstoff als früher und produzieren gleichzeitig durch das Verbrennen von zum Beispiel Erdöl, Erdgas oder Kohle viel mehr Kohlendioxid. Noch dazu werden immer mehr Wälder abgeholzt und immer mehr Grünflächen vernichtet, um Häuser und Fabriken zu bauen oder weil man die Fläche braucht, um Lebensmittel oder Tiernahrung anzubauen. Oder das Holz wird benötigt, um Papier und Möbel herzustellen. Zum einen ist das so, weil wir immer mehr Menschen auf der Welt werden, zum anderen aber auch, weil wir immer mehr Dinge kaufen, oft viel mehr, als wir eigentlich brauchen. Das gilt auch fürs Essen. Überleg doch mal, wie viel Nahrungsmittel ihr wegschmeißen müsst, weil ihr es nicht schafft, sie zu essen, bevor sie verderben ...

Müssen wir unsere Luft schützen?

Wir sagen, „Rausgehen an die frische Luft". Aber wie „frisch" und sauber ist eigentlich unsere Luft? Gerade in großen Städten ist sie leider meist sehr verschmutzt. Es gibt zum Beispiel giftige Gase, die gelangen aus den Auspuffen der Autos, Laster und Busse in die Luft. Diese Gase sind schlecht für die Atemwege und können unsere Augen reizen. Auch durch Flugzeuge und Schiffe gelangen sehr viele Schadstoffe in die Luft und Feinstaub wird vor allem durch die Schornsteine großer Fabriken in die Luft gepustet.

Diese Schadstoffe gelangen beim Einatmen mit in unsere Lunge und von dort in unser Blut, also in den ganzen Körper. Das ist nicht gesund. Wenn wir viel von dieser verschmutzten Luft einatmen, können die Lunge und das Herz davon sogar werden krank. Aber nicht nur wir sind von der Luftverschmutzung betroffen, sie ist auch schlecht für die Umwelt. Wenn zu viele Schadstoffe in der Luft sind, gehen ganze Ökosysteme kaputt – das sind Lebensgemeinschaften aus Tieren und Pflanzen an einem bestimmten Ort wie zum Beispiel einem See. Auch das Klima wird durch die dreckige Luft zunehmend schlechter. Sie sorgt für die immer stärkere Erwärmung unserer Erde. Außerdem wird so die Ozonschicht dünner. Das ist eine Schicht aus Gas ganz weit über unseren Köpfen, die einmal um die Erde geht. Sie schützt uns vor zu starker Sonneneinstrahlung und ohne sie würden die Sonnenstrahlen uns Menschen krank machen.

Unsere Luft besser machen

Darum ist es so wichtig, dass unsere Luft besser wird. Und du weißt schon, wie: mit der Hilfe von Pflanzen! Damit das aber wirklich etwas bringt, müssen in allen Städten viel mehr Pflanzen leben – also Bäume, Büsche und Sträucher gepflanzt und viele Blumenwiesen gesät werden. Die sind nämlich auch gut für Insekten. Natürlich sollten gleichzeitig viel weniger Abgase und andere schädliche Stoffe in die Luft geblasen werden.

So kannst du die Luft besser machen

Auch du kannst dazu beitragen, dass die Luft, die du jeden Tag einatmest, weniger verschmutzt wird. Dafür reicht es schon, wenn du ein paar Dinge beachtest.

Das hier sind die besten Tipps:

1. Fahrrad fahren: Lieber mit dem Fahrrad fahren als mit dem Auto, denn dabei werden keine schädlichen Abgase in die Luft gepustet. Auch Bus- und Bahnfahren ist immer besser, als Auto zu fahren.

2. Fahrgemeinschaften bilden: Bevor jemand allein mit dem Auto fährt, kann er andere fragen, ob sie zufällig denselben Weg haben und mitfahren wollen. Da du sicherlich noch kein Auto fahren kannst, schlage das doch mal deinen Eltern vor.

3. Weniger Flugreisen: Bevor ihr euren nächsten Urlaub mit dem Flugzeug plant, informiert euch doch mal, ob ihr nicht eine Reise mit der Bahn an einen genauso schönen Ort machen könnt.

4. Strom und Heizkosten sparen: Achte darauf, kein Licht in Räumen brennen zu lassen, in denen du dich nicht aufhältst. Dasselbe gilt für die Heizung: Schalte sie aus oder auf jeden Fall runter, wenn du gar nicht in dem Zimmer bist. Und benutzt Energiesparlampen oder noch besser LED-Lampen (das ist die Abkürzung für das englische Wort „Light Emitting Diode“ = „Licht emittierende, also ausstrahlende Diode“). Denn für die Herstellung von Strom und Wärme muss unter anderem viel Erdgas, -öl und Kohle verbrannt werden und das pumpt wieder viel Schmutz in die Luft.

5. Nachhaltige Energie benutzen: Am besten wäre es, euren Strom und eure Wärme aus erneuerbaren Energien zu gewinnen. Erneuerbare Energien gehen sozusagen nie zu Ende, dazu gehören zum Beispiel →

Fährt man mit der Bahn, anstatt zu fliegen, verbraucht man sechsmal weniger Schadstoffe. Mit dem Fahrrad geht es natürlich ganz ohne.

Wind-, Wasser- und Sonnenkraft. Wenn wir die nutzen, um Strom zu erzeugen, muss auch nichts verbrannt werden. Strom, der so hergestellt wird, wird auch „Ökostrom“ oder „grüner Strom“ genannt.

6. Müll trennen: Ganz viel von unserem Müll wird verbrannt. Durch den Rauch, der dann aufsteigt, gelangen sehr viele Schadstoffe in die Luft. Einmal ist es darum sehr wichtig, den Müll richtig zu trennen. Wie das genau geht, erfährst du ab Seite 114. So kann jeder Müll richtig entsorgt werden und es wird viel weniger davon verbrannt.

7. Müll vermeiden: Natürlich ist es total wichtig, von vornherein so wenig Müll wie möglich zu produzieren. Dazu kommen wir später noch mal genauer.

8. Weniger Fleisch essen: Du wunderst dich vielleicht über diesen Punkt, aber tatsächlich werden sehr viele Schadstoffe produziert bei der Herstellung von Fleisch. Denn Tiere brauchen Futter, müssen im Winter warm gehalten werden, werden geschlachtet und ihr Fleisch wird weiterverarbeitet. Zu all dem braucht man große Fabriken, die wieder viele Schadstoffe durch ihre Schornsteine in die Luft pusten.

9. Pflanzen anpflanzen: Versuche, so viele Blumen wie möglich in eurem Garten oder auf dem Balkon zu pflanzen. Du kannst auch Saatenkugeln selbst machen und auf Grünflächen in der Stadt verteilen. Und auch Bäume kann man selbst pflanzen. Natürlich einmal im eigenen Garten, aber es gibt auch viele schöne Aktionen, die dazu anregen. Du findest sie im Netz, wie zum Beispiel „Plant-A-Tree“ („Pflanz einen Baum“), „Planet Tree“ („Planet Baum“) oder auch „Plant-for-the-Planet“ („Pflanzt für den Planeten“). Entweder man spendet das Geld für einen Baum oder aber man pflanzt selbst einen.

Ich bin klein, die Luft um mich ist rein – durch Mülltrennung, Sonnenenergie und Energiespar- oder LED-Lampen kannst du die Luftverschmutzung verringern.

Diese vier Pflanzen reinigen nicht nur die Luft in deinem Zimmer, sondern verwandeln deine vier Wände noch dazu in einen richtigen kleinen Dschungel.

Pflanzen in der Wohnung

Sicherlich bist auch du gerade in der dunklen Jahreszeit viel in deinem Zimmer und in der Wohnung. Auch dort ist die Luft nicht immer frisch und sauber. Einige bekommen davon dann sogar Kopfschmerzen, sie fühlen sich müde oder ihnen wird schlecht. Man kann auch viel besser schlafen, wenn die Luft im Raum sauber und frisch ist. Pflanze euch doch ein paar Grünpflanzen in die Wohnung (natürlich in Blumentöpfen), die euch immer mit frischer Luft versorgen!

Es gibt einige Grünpflanzen, die die Luft besonders gut reinigen. Wichtig ist, dass keine dieser Pflanzen gegessen werden darf (weder von dir noch von deinem Haustier), weil manche von ihnen giftige Stoffe enthalten.

1. Grünlilie: Sie ist sehr pflegeleicht und hält viel aus. Außerdem bildet sie viele Ableger, aus denen du neue Pflanzen ziehen kannst.

2. Drachenbaum: Auch eine pflegeleichte Pflanze, die viel verträgt. Sie kann aber ganz schön groß werden, bis zu zweieinhalb Metern. Und hat sie nicht einen tollen Namen?

3. Kentia-Palme: Sie ist etwas ganz Besonderes, denn einmal ist sie eine der größten Zimmerpflanzen (sie kann bis zu drei Meter groß werden) und dann kann sie 40 Jahre alt werden! Mit ihren schönen, immer nachwachsenden Blattwedeln hat sie den Spitznamen „Hollywood-Palme“ voll verdient.

4. Orchidee: Wenn du eine Pflanze mit Farbe haben möchtest, dann kannst du auch eine Orchidee wählen. Allerdings braucht sie viel und die richtige Pflege, denn sie ist sehr empfindlich. Darum wird sie auch „Königin der Blumen“ genannt.

Außerdem gibt es noch die **Efeutute.** Diese leicht zu pflegende Kletterpflanze ist nur etwas für größere Kinder, weil ihre Blätter giftig sind. Sie können aber abgeschnitten und ins Wasser gesteckt werden und dann bilden sich an ihnen Wurzeln.

Pflanze deinen eigenen Luftreiniger

Dafür brauchst du:

- *1 Blumentopf mit Untersetzer*
- *Grünpflanzenerde (gibt's im Gartencenter)*
- *1 Grünpflanze deiner Wahl*

1. Stelle den Blumentopf auf den Untersetzer und fülle ihn mit Erde, sodass oben noch drei Fingerbreit Platz ist.

2. Schaffe in der Mitte eine Mulde, in die du die Pflanze mit ihren Wurzeln hineinsetzt. Häufele die Erde über den Ballen und drücke sie leicht fest.

3. Gieße die Pflanze einmal gründlich.

Tipps für Zimmerpflanzen-GärtnerInnen*

Gießen: Natürlich musst du sie regelmäßig gießen. Mache vorher die Fingerprobe: Stecke deinen Finger einen Zentimeter tief in die Erde. Ist sie oben noch feucht, muss noch nicht gegossen werden.

Wasser: Das Wasser sollte zimmerwarm sein. Das allerbeste Gießwasser ist Regenwasser, weil es auch schön „weich" ist. Einige Pflanzen mögen einfach keine „kalten Füße" und auch kein hartes Wasser, wie es aber oft aus der Leitung kommt.

Uhrzeit: Eine Pflanze sollte nie gegossen werden, wenn die Sonne direkt auf sie scheint. Sonst verbrennen ihre Blätter, wenn Wassertropfen darauf sind. Am besten gießt du früh am Morgen oder am späteren Nachmittag.

Gelbe Blätter: Wenn deine Pflanze gelbe Blätter bekommt oder sie sogar abfallen, kann es sein, dass du falsch gießt: zu viel oder zu wenig. Prüfe, wie die Erde im Topf ist: zu trocken oder zu nass? Passe das Gießen an.

*** Finde heraus, welche Pflege deine Pflanze braucht. Das kannst du gut in einem Gartengeschäft nachfragen oder aber im Netz nachlesen.**

Für Energiesparfüchse und -füchsinnen

Energie macht, dass wir immer Licht und es warm haben, wenn es draußen kalt ist, dass wir fernsehen, am Computer arbeiten, mit dem Flugzeug fliegen oder mit dem Auto fahren können. Mit ihrer Hilfe kühlt der Kühlschrank unseren Joghurt und der Gefrierschrank unser Eis. Ohne sie müssten wir unsere Wäsche von Hand waschen. Darum sollten wir darauf achten, dass wir genug davon haben. Die Maus verrät dir jetzt, wie das geht.

Was ist eigentlich Energie?

Energie bedeutet so etwas wie „Kraft“. Dinge, die Energie haben, können etwas bewirken. Dass Energie am Werk ist, bemerken wir meist erst, wenn sich etwas verändert: Wenn wir das Licht anschalten, eine Kerze auspusten, mit dem Fahrrad schneller fahren oder bremsen oder wenn etwas herunterfällt und kaputtgeht. All das passiert, weil Energie untereinander ausgetauscht oder eine Energieform in eine andere umgewandelt wird. Wenn wir zum Beispiel einen Apfel die Treppe hochtragen, nutzen wir dafür Energie. Wenn der Apfel dann die Treppe wieder hinunterrollt, er in Bewegung kommt, wird die Energie zur Bewegungsenergie. Und wenn er sich auf dem Weg ein paar Dellen einfängt, war die Verformungsenergie mit von der Partie.

Licht, Wärme, Kraft, Bewegung

In einer Batterie oder einem Akku steckt Energie, die macht, dass unsere Taschenlampe Licht hat. Auch die Sonne hat Energie, die uns wärmt und Pflanzen wachsen lässt. Nahrungsmittel haben Energie, die wir, wenn wir sie essen, in Kraft für unseren Körper und in Bewegung umwandeln. Weil wir genug Energie aus der Nahrung haben, können wir gehen, klettern, toben und sogar einen Marathon laufen. Auch Wasser hat Energie, mit dem es zum Beispiel ein Wasserrad antreiben kann. Und Luft? Wenn sie zu Wind wird, kann sie Drachen steigen lassen, Blätter von den Bäumen wehen und Windräder betreiben. Du weißt auch schon, dass zum Beispiel Kohle oder Erdöl, aber auch Holz verbrannt werden und dadurch sehr starke Wärme erzeugen. Auch das ist Energie.

Wissenschaftler haben herausgefunden, dass immer gleich viel Eneergie da ist, und zwar schon, seitdem es das Universum gibt – und sie wird auch in Milliarden Jahren noch genau in derselben Menge vorhanden sein. Energie geht nicht verloren, sondern wird immer nur von einer in die andere Energieform umgewandelt.

Wozu brauchen wir Energie?

Vor vielen Tausend Jahren wärmten sich die Menschen an Feuern und sie grillten ihr Fleisch und kochten ihr Gemüse auf offenem Feuer. Vor gerade mal 130 Jahren zündeten die Menschen, wenn es dunkel wurde, noch Kerzen oder Petroleumlampen an, um Licht zu haben. Und vor 65 Jahren hatte auch noch kaum jemand einen Fernseher. Dass heute alles einfacher ist, hat vor allem mit der Umwandlung von Energie in elektrischen Strom zu tun. Denn der kann Licht, Wärme, Kälte und Bewegung erzeugen. Wir benutzen Strom heute ganz selbstverständlich, schalten den Lichtschalter ein, wenn es dunkel wird, machen den Ofen und Herd an, um zu kochen, stellen Joghurt und Milch in den Kühlschrank, um sie zu kühlen, trocknen unsere Haare mit dem Föhn, schalten den Computer ein, um daran zu arbeiten, oder den Fernseher, um einen Film anzuschauen, und waschen unsere Wäsche in der Waschmaschine. Und mittlerweile gibt es auch immer mehr Fahrzeuge, die mit elektrischem Strom betrieben werden, wie E-Bikes oder E-Autos. Das macht für uns den Alltag sehr viel leichter, als er für die Menschen vor mehreren Hundert oder sogar Tausend Jahren war.

Energie, die du im Alltag erlebst

Aber es gibt auch andere Arten von Energie, die wir in unserem Alltag nutzen oder sie zumindest erleben: In Kraftwerken wird Kohle, Erdöl, Erdgas oder Holz verbrannt und so Wärmeenergie hergestellt. Die nutzen wir, wenn wir warmes Dusch- und Badewasser aus dem Wasserhahn laufen lassen oder wenn wir die Heizung anstellen, weil uns kalt ist. Benzin bringt Autos oder auch Flugzeuge in Bewegung, Windkraft kann eine Windmühle antreiben und auch Strom erzeugen, Lichtenergie erwärmt Dinge und auch Druck ist eine Form von Energie, denn zum Beispiel in einem Wasserkessel sorgt sie dafür, dass bei kochendem Wasser der Dampf mit Druck aus dem Ventil strömt, sodass es pfeift.

Ist Energie wirklich unendlich?

Tatsächlich ist nicht jede Energiequelle unerschöpflich. Kohle, Erdöl oder Erdgas können zum Beispiel nicht neu angebaut oder angepflanzt werden. Darum nennt man sie auch „nicht erneuerbare Energien". Entstanden sind sie vor vielen Millionen Jahren, zur Zeit der Dinosaurier und davor. Damals wurden tote Pflanzen vom Meer überschwemmt und mit Erde zugedeckt. Durch den Druck und die Hitze wurden daraus in kaum vorstellbar langer Zeit Kohle, Erdgas und Erdöl. Wenn wir Menschen irgendwann alle vorhandenen Vorräte davon aus der Erde herausgeholt haben, sind sie für immer weg. Außerdem weißt du schon aus dem vorigen Kapitel, dass es bei diesen nicht erneuerbaren Energien das Problem gibt, dass sie verbrannt werden und dabei sehr viele Schadstoffe unsere Luft verschmutzen.

Erneuerbare Energien

Damit wir aber für alle Zeiten mit Energie versorgt sind, die hoffentlich auch noch „sauber" und ungefährlich ist, suchen die Menschen immer weiter nach Quellen, die unendlich sind. Die nennen sich dann „erneuerbare Energien". Das ist zum Beispiel Sonnenlicht, denn die Sonne scheint jeden Tag – auch wenn wir sie nicht immer sehen können. Auch Wind gehört zu dieser Energiegruppe, denn Wind entsteht durch die Wärme der Sonne und ist damit genauso wie Sonnenlicht fast immer verfügbar. Auch Wasser gilt als erneuerbare Energie, weil es zwar verbraucht wird, aber in einem Kreislauf als Regen, Schnee oder Nebel wieder auf die Erde zurückkommt. Erdwärme zählt ebenfalls zu den erneuerbaren Energie. Sie erneuert sich zwar nicht wie die anderen, aber es gibt einfach unfassbar viel davon.

Mit diesen erneuerbaren Energien versuchen die Menschen heutzutage, Strom zu erzeugen. Das funktoniert zum Beispiel mithilfe von Windrädern, Wasserkraftwerken oder Solaranlagen auf Dächern, wie du sie links im Bild sehen kannst.

So kannst du Energie sparen

Auch wenn es einige unerschöpfliche Energiequellen gibt, die uns zur Verfügung stehen, können wir natürlich trotzdem Energie sparen, damit sie möglichst lang hält – und weil es besser für die Umwelt ist.

Das hier sind die besten Tipps:

1. Licht aus: Lass kein Licht unnötig brennen, wenn du zum Beispiel gar nicht in dem Raum bist.

2. Energiesparlampen und LEDs: Bitte deine Mama oder deinen Papa, alle Glühbirnen in der Wohnung durch Energiesparlampen oder LEDs auszutauschen. Sie verbrauchen bis zu 80 Prozent weniger Strom als normale Glühbirnen und halten auch noch viel länger. Zum Vergleich: Eine normale Glühbirne hält ungefähr 1000 Stunden, eine Energiesparlampe etwa 15.000 und eine LED-Lampe etwa 50.000 Stunden.

3. Kühlschranktür zu: Öffne den Kühl- und Gefrierschrank nur ganz kurz und verschließe ihn wieder fest, damit so wenig kalte Luft wie möglich herausströmt, denn die muss der Kühl- oder Gefrierschrank dann sozusagen ganz schnell wieder auffüllen. Überlege dir vorher, was du alles aus dem Kühlschrank brauchst, damit du ihn nur einmal und nicht mehrere Male hintereinander öffnen musst.

4. Lüften: Öffne beim Lüften das Fenster lieber zehn Minuten lang weit und schließe es dann wieder ganz, als es den ganzen Tag auf Kipp zu halten. So kühlt dein Zimmer nicht aus und muss danach mit viel Heizkraft wieder aufgewärmt werden.

5. Geräte vom Strom: Wenn du ein elektronisches Gerät gerade nicht benutzt (zum Beispiel den Computer, Laptop oder Fernseher), schalte es ganz aus und nicht nur →

Heizung auf volle Pulle mag ich sehr, Energiesparen noch viel mehr: Licht aus, Kühlschrank zu, Stoßlüften – das zu beachten ist kinderleicht und hat doch großen Effekt.

in den Ruhemodus. Es gibt dafür praktische Steckerleisten mit An- und Ausschalter, sodass du nicht jedes Gerät einzeln ausstecken musst. Auch Ladegeräte, die nicht benutzt werden, sollten aus der Steckdose gezogen werden.

6. Recyclingpapier: Benutze Hefte, Schreibblöcke und Druckerpapier aus recyceltem Papier. Das spart Energie und Wasser bei der Herstellung und es sind viel weniger chemische Soffe für die Aufbereitung von altem Papier nötig, als wenn man neues herstellt. Außerdem müssen nicht noch einmal Bäume abgeholzt werden.

7. Regional kaufen: Lebensmittel sollten immer so eingekauft werden, wie sie gerade Saison haben, das heißt, was gerade wirklich bei uns um die Ecke wächst. Denn wenn wir im Frühling frische Äpfel kaufen, im Winter Erdbeeren oder Bananen und Ananas das ganze Jahr über, dann haben diese lange Strecken hinter sich, weil sie aus Gegenden der Welt kommen, in denen gerade Sommer ist. Das ist manchmal auf der anderen Seite des Erdballs und das kostet Unmengen an Benzin. Oder aber sie kommen aus Gewächshäusern, die unglaublich viel Energie verbrauchen, um künstliches Sonnenlicht und Wärme herzustellen.

8. Warm anziehen: Bevor du viel heizt, ziehe dir lieber einen Woll- oder Fleecepullover über und Hausschuhe an. Man muss im Winter nicht im T-Shirt in der Wohnung herumlaufen. Schließe die Tür des Raumes, in dem du dich aufhältst, das hält die Wärme darin. Und wenn es unter den Türen durchzieht, kannst du ein großes Badehandtuch zu einer langen Schlange zusammenrollen und vor die Tür legen.

Sonnenenergie-Turbine aus alten Flaschen bauen

Dafür brauchst du:

- *1 Korken*
- *5 Stecknadeln*
- *1 große Plastikflasche*
- *scharfes Messer/Cutter, Schere, Lineal*
- *1 Blatt schwarzes Papier*
- *1 Teelichthalter aus Alu*
- *Bleistift*

1. Schneide vom Korken eine etwa 5 mm dicke Scheibe ab. In die Seiten steckst du im gleichen Abstand zueinander 4 Stecknadeln. Die letzte Stecknadel steckst du in die Mitte, die Spitze zeigt nach oben.

2. Schneide mit dem Messer/Cutter 1 cm über dem Flaschenboden einen Querschlitz. Der sollte etwa einen Fingerbreit hoch sein und so lang wie ein Finger.* Schneide vom Flaschenhals gleichmäßig so viel ab, dass die Korkenscheibe mit den Stecknadeln genau auf die Öffnung passt. Es soll aber noch Luft vorbeikommen.

3. Rolle das schwarze Papier zusammen und stecke es in die Flasche. Schneide unten aus dem Papier ein Stück heraus, sodass der Luftschlitz am Flaschenboden frei bleibt.

4. Drücke mit dem Ende eines Bleistifts eine Mulde in die Mitte des Teelichthalters. Schneide den Rand sechsmal in gleichen Abständen bis zum Boden ein. Falte die Teile leicht schräg ausgerichtet, sodass ein Propeller entsteht.

5. Nun kannst du den Propeller mit der Mulde auf die Nadelspitze legen und beobachten, wie er sich zu drehen beginnt, wenn eine Weile Sonnenlicht darauf gefallen ist.

*** Durch den Luftschlitz kann kalte Luft in die Flasche nachströmen, was für den Kreislauf und für das Gelingen des Experiments sehr wichtig ist.**

Was passiert hier?
Das Licht, das auf das schwarze Papier fällt, wird in Wärme umgewandelt. Da warme Luft immer nach oben steigt und am Propeller vorbei ins Freie will, treibt sie diesen an.

Wasserkraftwerk aus alten Flaschen bauen

Dafür brauchst du:

- *1 große Plastikflasche mit Schraubverschluss*
- *1 Dose, die unter die Flasche passt*
- *2 gleich große runde Plastikdeckel (8 cm Durchmesser)*
- *10 Kronkorken*
- *1 Trinkhalm*
- *1 Stück Draht (1,5 mm Durchmesser, 40 cm Länge)*
- *2 Ringgummis*
- *starker Kleber, Handbohrer, Schraubstock*

1. Bohre mit dem Handbohrer 8 cm über dem Flaschenboden ein kleines Loch.

2. Klebe die Flasche auf die Dose, damit sie höher steht.

3. Jetzt folgt das Wasserrad: Klebe dazu zuerst die beiden Plastikdeckel mit den geschlossenen Seiten zusammen. Klebe dann die Kronkorken senkrecht in gleichmäßigem Abstand zueinander rund um die Plastikdeckel fest.

4. Bohre ein Loch durch die Mitte der Plastikdeckel. Führe ein etwa 4 cm langes Stück des Trinkhalms in das Loch und klebe ihn fest.

5. Führe den Draht durch das Loch und biege ihn im rechten Winkel senkrecht nach oben.

6. Befestige das Wasserrad am nach oben gebogenen Draht mit den Gummis so an der Flasche, dass sich das Rad knapp unterhalb des Lochs, aber über dem Flaschenboden befindet.

7. Fülle jetzt Wasser in die Flasche und halte dabei das Loch am Flaschenboden zu. Wenn du loslässt, geht es los.

Was passiert hier? Die Kraft des Wassers versetzt das Rad in Bewegung. Drückst du auf die Flasche, wird der Strahl kräftiger und das Rad dreht sich schneller.

Für schlaue Esser und Esserinnen

Du bist, was du isst – hast du diesen Spruch schon einmal gehört? Er stimmt! Denn das, was du isst, wandert bei der Verdauung in deinen ganzen Körper. Darum ist es von großer Bedeutung, dass du die besten Lebensmittel zu dir nimmst, die du bekommen kannst. Aber auch für die Umwelt ist es sehr wichtig, wie du dich ernährst. Warum das so ist, das erzählt dir die Maus auf den nächsten Seiten.

Was hat unsere Ernährung mit der Umwelt zu tun?

Du fragst dich bestimmt, was das, was du isst, damit zu tun haben soll, wie es der Umwelt geht, oder? Tatsächlich hat unsere Ernährung sehr viel Einfluss auf die Umwelt, wie du hier erfährst.

Obst- und Gemüseanbau

Wenn wir im Garten oder auf dem Balkon unser eigenes Gemüse anbauen, ist das am allerbesten. Denn das bekommt echtes Sonnenlicht und Regen, ist ungespritzt, unverpackt und landet sehr schnell auf unserem Tisch. Das reicht allerdings nur für ein paar Personen, klar. Weil es aber so viele Menschen auf der Erde gibt, braucht es riesige Felder, um zum Beispiel Gemüse anzubauen. Das wird dann meist auch noch gespritzt, also mit Giften behandelt, die man Pestizide nennt, um Schädlinge fernzuhalten. Das ist weder gut für uns noch für die Umwelt. Auch Gemüse und Obst in Gewächshäusern verbrauchen sehr viel Energie, weil das Licht dort künstlich erzeugt werden muss.

Besonders belastend für die Umwelt ist die Herstellung von Fleisch, denn Tiere brauchen sehr viel Futter und Wasser und Platz. Dafür braucht es riesige Felder (oder Hallen), die dann wiederum für den Anbau von Gemüse fehlen, das auch noch viel gesünder ist als Fleisch. Außerdem pupsen und rülpsen zum Beispiel Kühe enorm viele umweltschädliche Gase in die Luft.

Viele Lebensmittel kommen leider nicht aus dem Dorf nebenan, oftmals nicht mal aus Deutschland. Bevor sie bei uns im Supermarkt landen, haben sie oft sehr weite Wege hinter sich und dabei schon viel Benzin verbraucht und viele Abgase in die Luft gepumpt.

Und dann sind die meisten unserer Lebensmittel aus dem Supermarkt auch noch in Plastik verpackt. So produzieren wir umso mehr Müll, je mehr wir essen. Du siehst: Das, was wir essen, hat einen großen Einfluss auf die Welt um uns herum.

Fleisch oder Gemüse?

Du weißt bereits, dass es nicht besonders gut für die Umwelt ist, viel Fleisch zu essen. Und es ist auch nicht besonders gut für uns. Fleisch enthält zwar wichtige Nährstoffe, aber auch viel eher ungesundes Fett, das uns krank machen kann, wenn wir zu viel davon essen. Mehr als zweimal in der Woche sollte keiner von uns Fleisch essen. Und dann gibt es da auch Unterschiede: Fleisch aus Freiland- und biologischer Haltung oder aus Massentierhaltung. Biofleisch ist immer besser für die Umwelt, für die Tiere und für uns. Denn diese Tiere durften an der frischen Luft auf einer Weide sein. Sie wurden mit gesundem Futter gefüttert und haben also gesundes Fleisch, was wir dann wiederum essen. Tiere aus Massentierhaltung leben meist in riesigen Hallen, sehen ihr Leben lang kein Sonnenlicht, atmen keine frische Luft und treten sich oft gegenseitig auf die Pfoten und machen sich voll, weil einfach nicht genug Platz ist. Sie bekommen außerdem nicht immer gesundes Futter zu fressen, weil das einfach zu teuer ist. Dieses ungesunde Futter geht dann in ihr Fleisch über, das wir zu uns nehmen. Irgendwie eklig, oder? Genau. Und darum ist es besser, Fleisch aus Massentierhaltung zu vermeiden. Das ist allerdings meist viel günstiger als Biofleisch. Was aber auch praktisch ist, denn so isst man automatisch weniger Fleisch, du wirst sehen.

Vegetarisch oder vegan

Oder du versuchst mal, ganz auf Fleisch zu verzichten. Das nennt sich dann vegetarische Ernährung. Und man kann auch mal alle Produkte von Tieren weglassen (also auch Eier, Honig, Milch ...). Das nennt sich dann pflanzenbasierte oder vegane Ernährung.

Bionahrungsmittel erkennst du an einem speziellen Siegel, auf dem „Bio“ steht. Das ist das deutsche Biosiegel und das bekommt nur ein Produkt, das wirklich biologisch angebaut worden ist.

Ein Hühnerleben an der frischen Luft und mit Platz und ein Erdbeerleben ohne Giftstoffe – das ist leider nicht selbstverständlich, aber so, so wichtig!

So kannst du umweltfreundlich essen

Der ökologische Fußabdruck

Hast du schon einmal vom „ökologischen Fußabdruck" gehört? Das ist der Teil, den jeder einzelne Mensch auf der Welt zur Umweltverschmutzung beiträgt mit dem, wie er im Alltag lebt. Stelle dir vor, du gehst einen Sandstrand entlang – deine Füße hinterlassen Abdrücke im Sand, die alle sehen können. Ebenso hinterlassen wir sozusagen auch einen Abdruck in der Umwelt. Diese Abdrücke werden dadurch geformt, ob wir Auto fahren oder fliegen, wie viel wir heizen und wie viel warmes Wasser wir verbrauchen, wie oft wir das Licht anmachen, aber auch, was und wie viel wir essen. Je mehr wir von allem verbrauchen, umso größer ist unser Fußabdruck auf der Welt. Und je größer er ist, desto stärker belasten wir die Umwelt. Du kannst deinen ökologischen Fußabdruck übrigens mal ausrechnen lassen: www.fussabdruck.de.

Damit unser Fußabdruck so klein wie möglich ist, sollten wir von allem immer nur so viel benutzen, wie wir auch wirklich brauchen. Das gilt insbesondere fürs Essen. Hier können wir auch gut darauf achten, *was* wir essen.

Das hier sind die besten Tipps:

1. Keine Verschwendung: Am besten kaufen wir nur so viele Lebensmittel ein, wie wir auch schaffen aufzuessen, damit wir nichts wegwerfen müssen. Was man mit Gemüseresten machen kann, erfährst du ein paar Seiten weiter.

2. Regionale Ware einkaufen: Kaufe regional ein, das heißt, dass die Produkte aus der näheren Umgebung (Region) kommen und keine weiten Transportwege hinter sich haben. So unterstützt du außerdem die Landwirte in deiner Region. →

3. Lebensmittel saisonal kaufen: Kaufe saisonal ein, das heißt nur Gemüse und Obst, das zur jeweiligen Jahreszeit gerade wirklich geerntet wird, also „Saison hat“. Das kommt dann nicht aus Gewächshäusern. Welches Gemüse und Obst das ist, erfährst du im Saisonkalender. Auf Seite 76 kannst du dir selbst einen basteln.

4. Möglichst unverpackt kaufen: Du kannst Lebensmittel in Unverpacktläden kaufen. Da kannst du sie direkt in Behälter abfüllen, die du selbst mitbringst. Auch auf dem Markt und in kleineren Gemüse- und Obstläden bekommst du dein Obst und Gemüse meist direkt in deinen Stoffbeutel gepackt. Und zum Bäcker bringst du das nächste Mal einfach deine eigene Brötchentüte mit. So vermeidest du eine Menge Müll und du weißt bereits, dass du damit der Umwelt etwas Gutes tust.

5. Weniger Fleisch essen: Versuche doch einmal, weniger Fleisch zu essen, zweimal in der Woche reicht vollkommen.*

6. Biolebensmittel kaufen: Kaufe Biofleisch Biofisch, Bioeier und auch Biogemüse und -obst. Das ist zwar meist teurer, aber es ist auch besser für die Tiere, die Natur, die Umwelt und auch für dich und deine Gesundheit. Denn Biolebensmittel sind gesünder, weil sie nicht mit Giften behandelt werden, um zum Beispiel Insekten zu vertreiben. Sie enthalten auch keine Stoffe, die eigentlich nicht zu ihnen gehören, um die Lebensmittel etwa besonders lang haltbar zu machen. Und Tiere, die auf Biohöfen leben, haben mehr Platz und dürfen meist auch draußen sein.

7. Pflanzliche Nahrungsmittel ausprobieren: Mache öfter mal einen vegetarischen Tag. „Vegetarisch“ stammt von den englischen Begriffen „vegetation“ („Pflanzenwelt“) und „vegetable“ („Gemüse“) ab. Vegetarisch zu essen bedeutet, dass man nur Lebensmittel zu sich nimmt, die aus pflanzlichen Stoffen bestehen. Leckere Rezeptideen findest du auf den nächsten Seiten.

*** Am 7. März ist bei uns in Deutschland der „Tag der gesunden Ernährung“. Wie wär's, wenn du deiner Familie ein vegetarisches Gericht zauberst?**

Erdbeer-Mozzarella-Burger

Für 4 Burger brauchst du:

- *1 Kugel Mozzarella (125 g Abtropfgewicht)*
- *8 Erdbeeren*
- *12 Blätter Basilikum oder Feldsalat*
- *4 Mohn- oder Sesambrötchen*
- *4 EL Doppelrahmfrischkäse*

Zubereitungszeit:
ca. 15 Minuten

1. Lass den Mozzarella in einem Sieb gut abtropfen. Schneide ihn dann auf einem Brett in nicht zu dicke Scheiben.

2. Wasche die Erdbeeren, schneide die Blätter mit einem kleinen, spitzen Messer kreisförmig heraus. Lass dir dabei am besten von einem Erwachsenen helfen. Schneide danach auch die Erdbeeren in Scheiben.

3. Wasche nun noch die Basilikum- oder Feldsalatblätter und tupfe sie mit Küchenpapier trocken.

4. Jetzt werden die Brötchen in zwei Hälften geschnitten. Bestreiche alle Hälften dünn mit Frischkäse.

5. Belege nun die unteren Brötchenhälften erst mit Basilikum- oder Feldsalatblättern, dann mit Mozzarellascheiben und zum Schluss kommen die Erdbeeren darauf. Dann werden noch die oberen Brötchenhälften daraufgeklappt. Fertig!

Q
B

Powerbowl für die Pause

Für 1 Pausenportion brauchst du:

- *½ Romanasalat*
- *1 Apfel*
- *30 g Walnusskerne*
- *1 EL Rosinen*
- *2 EL Öl, z. B. Oliven- oder Sonnenblumenöl*
- *2 EL Apfelessig*
- *1 TL Honig*
- *Salz, Pfeffer aus der Mühle nach Belieben*

- *1 Salatschüssel mit Deckel*

Zubereitungszeit:
ca. 20 Minuten

1. Entferne den Strunk vom Salat. Schneide die Blätter quer in 1 bis 2 cm breite Streifen und wasche sie gründlich in kaltem Wasser. Gib den Salat in ein Sieb und lass ihn gut abtropfen.

2. Wasche den Apfel und reibe ihn mit Küchenpapier trocken. Dann lege ihn auf ein rutschfestes Schneidebrett und schneide ihn längs in 4 Teile. Schneide aus den Vierteln mit einem spitzen Messer das Kerngehäuse mit Stiel und Blütenansatz heraus. Danach werden die Apfelviertel in Würfel geschnitten. Vielleicht lässt du dir bei all dem von einem Erwachsenen helfen.

3. Gib nun den Salat und die Apfelstücke in die Schüssel. Zerbröckle die Walnusskerne zwischen den Fingern etwas kleiner und streue sie über Salat und Äpfel. Verteile noch die Rosinen darüber. Dann verschließt du die Schüssel mit dem Deckel.

4. Verrühre das Öl mit dem Essig, dem Honig, etwas Salz und Pfeffer in einem Schälchen – das ist dein Dressing. Fülle es zum Mitnehmen in ein Glas mit Schraubverschluss.

5. Das Dressing wird erst in der Pause über den Salat gegossen und alles gut miteinander vermischt, so weicht der Salat nicht auf. Gabel nicht vergessen!

Gemüsereis mit Sesamtofu

Für 4 Personen brauchst du:

- *50 ml Reisessig (aus dem Asialaden)*
- *50 ml Sojasauce*
- *2 EL Zucker*
- *1 TL Ingwerpulver (oder 1 haselnussgroßes Stück Ingwer, gehackt)*
- *Salz*
- *200 g Basmatireis*
- *2 rote Paprikaschoten*
- *250 g Brokkoliröschen (TK)*
- *2 Frühlingszwiebeln*
- *100 g Tofu (natur)*
- *1 EL Rapsöl*
- *3 EL Sesamsamen*

Zubereitungszeit:
ca. 20 Minuten

1. Fülle den Reisessig mit der Hälfte der Sojasauce, dem Zucker, dem Ingwer und ½ TL Salz in einen Topf und verrühre alles miteinander. Mische den Basmatireis mit 400 ml kaltem Wasser unter. Bringe nun die Reismischung bei starker Hitze auf dem Herd zum Kochen.

2. Halbiere die Paprikaschoten der Länge nach und entkerne sie. Dann wasche sie und tupfe sie trocken. Schneide sie anschließend in feine Würfel. Schneide von den Frühlingszwiebeln die Wurzelenden ab und entferne die äußeren, nicht mehr so schönen Blätter. Wasche sie dann und schneide sie in feine Ringe.

3. Verteile zunächst die Paprikawürfel auf dem Reis, lege auch den Brokkoli darauf. Gib nach etwa 5 Minuten die Frühlingszwiebeln ebenfalls in den Topf. Lass alles einmal aufkochen. Anschließend lässt du alles mit geschlossenem Deckel bei mittlerer Hitze 15 Minuten kochen.

4. Währenddessen schneidest du den Tofu quer in 12 etwa 1 cm dicke Streifen. Tupfe die Streifen mit Küchenpapier trocken.

5. Erhitze dann das Öl in einer Pfanne. Gib die restliche Sojasauce in einen tiefen Teller, die Sesamsamen auf einen zweiten Teller. Wende nun die Tofustreifen nacheinander erst in der Sojasauce, dann im Sesam und brate sie in der Pfanne bei mittlerer Hitze auf jeder Seite 3 bis 4 Minuten. Serviere die Tofu-Sesam-Streifen zum Gemüsereis. Guten Appetit!

Gute-Laune-Röllchen aus Pfannkuchen

Für 4 Stück brauchst du:

- *150 g Mehl*
- *3 Eier*
- *400 ml Milch*
- *Salz*
- *gemahlene Kurkuma*
- *Öl oder Butterschmalz zum Ausbacken*
- *¼ Paprikaschote*
- *½ Bund Rucola*
- *200 g Frischkäse aus Kuh- oder Ziegenmilch*
- *Pfeffer aus der Mühle nach Belieben*

- *Zahnstocher, wenn gewünscht*

Zubereitungszeit:
ca. 30 Min.

1. Gib das Mehl mit den Eiern und der Milch in eine Schüssel und verrühre es zu einem glatten Pfannkuchenteig. Würze ihn mit Salz und Kurkuma.

2. Erhitze Öl oder Butterschmalz in einer beschichteten Pfanne. Backe aus dem Teig nacheinander 4 dünne Pfannkuchen. Lass dir das einmal von einem Erwachsenen zeigen und dir danach über die Schulter gucken. Lass die Pfannkuchen auf einem Teller kalt werden.

3. Wasche die Paprikaschote, entkerne sie und schneide sie in feine Würfel. Wasche auch den Rucola, schüttele ihn trocken und entferne die groben Stiele. Lass die Hälfte der Blätter ganz, der Rest wird fein gehackt.

4. Verrühre nun den Frischkäse mit den Paprikawürfeln und dem gehackten Rucola in einer kleinen Schüssel. Würze alles mit Salz und Pfeffer, wenn du magst.

5. Streiche jetzt die Frischkäsemasse auf die kalten Pfannkuchen. Verteile den restlichen Rucola darauf und rolle dann jeden Pfannkuchen fest auf. Die Rollen schneidest du in kleine Stücke. Du kannst sie dann noch auf Zahnstocher stecken, wenn du magst.

Regenbogenpizza mit buntem Gemüse

Für 4 Personen brauchst du:

- *200 g Blattspinat (TK)*
- *100 g Möhren (TK)*
- *60 g Rotkohlblätter*
- *2 gegrillte rote Paprikaschoten (aus dem Glas)*
- *250 g Magerquark*
- *300 g Mehl und etwas Mehl zum Bestäuben*
- *50 ml Milch*
- *50 ml Öl*
- *2 gestrichene EL Backpulver (12 g)*
- *1 Ei*
- *Salz*
- *Pfeffer aus der Mühle nach Belieben*
- *2–3 EL italienische Kräuter (getrocknet oder TK)*
- *2 TL Maiskörner (aus der Dose)*
- *125 g Mozzarella*

- *2 ofenfeste Schalen*
- *evtl. Gemüsehobel*
- *Nudelholz*

Zubereitungszeit:
ca. 10 Min. + 20 Min. Backzeit

1. Heize den Backofen auf 200 °C Umluft vor und lege ein Backblech mit Backpapier aus. Lege den Spinat und die Möhren getrennt voneinander in die ofenfesten Schalen und lass sie im Ofen auftauen. Anschließend musst du sie in einem Sieb nacheinander abtropfen lassen. Wenn der Spinat etwas abgekühlt ist, drücke ihn vorsichtig mit den Händen aus.

2. Wasche den Rotkohl und schneide ihn in feine Streifen. Schneide auch die Paprikaschoten in feine Streifen.

3. Für den Pizzateig verknete 150 g Quark mit Mehl, Milch, Öl, Backpulver und Ei in einer Schüssel zügig zu einem Teig. Rolle ihn mit einem bemehlten Nudelholz auf dem Blech zu einem großen Kreis (etwa 30 cm Durchmesser) aus und zupfe ihn mit den Händen zurecht.

4. Bestreiche den Pizzaboden gleichmäßig mit dem restlichen Quark. Würze die Pizza mit Salz und Pfeffer, wenn du magst, und mit den italienischen Kräutern. Verteile nun das Gemüse von außen nach innen ringförmig auf dem Teig: ganz außen Spinat, dann Rotkohl, rote Paprika, Möhren und innen Mais. Lass den Mozzarella abtropfen, zupfe ihn mit den Fingern klein und verteile ihn auf dem Gemüse.

5. Backe die Pizza im vorgeheizten Ofen auf der untersten Schiene 10 Minuten, dann erhöhe die Temperatur auf 220 °C Umluft und backe die Pizza noch weitere 10 Minuten fertig.

Schupfnudeln mit Tomaten und Spinat

Für 4 Stück brauchst du:

- *500 g Cocktailtomaten*
- *200 g Baby-Spinat*
- *2 rote Zwiebeln*
- *2 EL Olivenöl*
- *600 g Schupfnudeln (aus dem Kühlregal)*
- *2 TL Zucker*
- *2 EL Weißweinessig*
- *Salz*
- *Pfeffer aus der Mühle*
- *2 EL Pinienkerne*

Zubereitungszeit:
ca. 20 Min.

1. Zuerst wasche und halbiere die Tomaten. Dann verlese den Spinat, wasche ihn und lass ihn in einem Sieb abtropfen. Die Zwiebeln schälst du und schneidest sie in dünne Ringe.

2. Erhitze in einer großen Pfanne 1 EL Olivenöl und brate die Zwiebelringe darin bei mittlerer Hitze 1 bis 2 Minuten an. Dann fügst du das restliche Öl und die Schupfnudeln hinzu und brätst alles 3 Minuten weiter. Schiebe dann die Schupfnudeln und Zwiebeln an den Pfannenrand.

3. Gib die Tomaten in die Mitte der Pfanne, bestreue sie mit Zucker und karamellisiere sie. Dann kannst du alles mit Essig ablöschen und mischen. Füge den Spinat hinzu und lasse ihn 1 Minute zusammenfallen. Dann kannst du nochmals alles gut vermischen und mit Salz und Pfeffer würzen. Zum Servieren bestreue die Schupfnudeln mit den Pinienkernen.

Tipp: Die Schupfnudeln schmecken natürlich auch mit einem anderen Gemüse, das du gern magst.

Saisonkalender basteln

Dafür brauchst du:

- *1 großes Blatt Papier, z. B. Tonpapier*
- *Bleistift*
- *Lineal*
- *Stifte oder Wasserfarben*
- *alte Kataloge mit Bildern von Obst und Gemüse oder passende Aufkleber*
- *Schere, Kleber*

1. Überlege dir, welches dein Lieblingsgemüse und -obst ist, probiere aber auch mal etwas Neues aus.*

2. Jetzt geht's ans Basteln: Zeichne einen großen Kreis auf das Papier – das ist der Jahreskreis.

3. Unterteile ihn mit dem Lineal in vier gleich große Teile für Frühling, Sommer, Herbst und Winter. Male den Hintergrund jeder Jahreszeit in einer anderen Farbe an. Welche Farbe hat für dich der Frühling? Vielleicht Hellgrün? Und der Sommer, der Herbst, der Winter? Wenn du magst, kannst du die Jahreszeiten sogar noch in die Monate unterteilen und das Gemüse und Obst entsprechend zuordnen.

4. Zeichne, male oder klebe nun die Früchte und Gemüsesorten ein, die in der jeweiligen Jahreszeit Saison haben.

5. Jetzt kannst du immer nachschauen, welches Gemüse und Obst du gerade gut essen kannst, ohne die Umwelt zu belasten, auf welches du dich bald freuen kannst oder wie lang du noch warten musst, bis du endlich wieder zum Beispiel in der Nähe geerntete, frische, reife Erdbeeren oder Äpfel essen kannst.

*** Informiere dich, wann welches Gemüse oder Obst Saison hat, also bei uns in Deutschland geerntet wird. Das kannst du auf dem Wochenmarkt erfahren, beim Bauern, in Büchern oder im Internet.**

SOMMER
HERBST
WINTER
FRÜHLING

Gemüsebrühe aus Gemüseresten herstellen

Dafür brauchst du:

Insgesamt 500–800 g Gemüseabfälle, z. B.:

- *Schalen von Möhren, Knollensellerie, Spargel, Pastinaken, Petersilienwurzel, Zwiebel und Knoblauch*
- *Endstücke von oben genanntem Gemüse, auch von Lauch und Frühlingszwiebeln*
- *Stiele von Brokkoli, Blumenkohl, Pilzen, Kräutern*
- *Paprikadeckel*
- *Blätter von Kohlrabi, Möhren, Stangensellerie, Wirsing*
- *Kräuter, getrocknete, verwelkte oder sogar welche, die leicht braun sind*
- *1 TL Salz*

1. Wenn du Zeit zum Sammeln der Reste brauchst, friere die Schalen und Wurzeln ein, bis du 500 bis 800 g Reste beisammenhast.

2. Gib die gesammelten Gemüsereste in einen Topf und bedecke alles mit Wasser. Bringe es bei mittlerer Hitze zum Kochen. Füge das Salz hinzu und schalte die Hitze herunter. Lass alles 2 Stunden köcheln.

3. Gieße dann die Brühe durch ein Sieb in einen zweiten Topf, sodass die Gemüsereste im Sieb hängen bleiben. Lass dir dabei am besten von einem Erwachsenen helfen, weil der Dampf beim Abgießen sehr heiß sein kann.

4. Verteile die abgekühlte Brühe in saubere Gläser, die du luftdicht mit einem Deckel verschließen kannst. So hält sich die Brühe im Kühlschrank 3 bis 5 Tage frisch.

Du kannst die Brühe auch bis zu sechs Monate einfrieren, dann aber in entsprechenden Behältnissen, nicht in Gläsern. Vor dem Kochen muss sie 24 Stunden im Kühlschrank auftauen.

Chips aus Kartoffelschalen herstellen

Für 2–3 Portionen brauchst du:

- *Schalen (gründlich gewaschen!) von 1,5 kg Kartoffeln*
- *2 EL Olivenöl*
- *Salz, Pfeffer nach Belieben*

Zubereitungszeit:
ca. 20 Minuten

1. Zuerst brauchst du natürlich Kartoffelschalen. Das heißt, bereite die Chips dann zu, wenn ihr vorher ein Gericht mit Kartoffeln gegessen habt. Nicht extra Kartoffeln kaufen, um Chips aus den Schalen zu machen, das wäre ja keine Resteverwertung.

2. Heize den Ofen auf 200° C Umluft vor. Lege ein Backblech mit Backpapier aus.

3. Wasche die Kartoffelschalen nochmal gründlich und tupfe sie trocken.

4. Mische die Kartoffelschalen mit Öl, Salz und Pfeffer nach Belieben. Verteile sie so auf dem Blech, dass sie möglichst wenig oder gar nicht aufeinander liegen.

5. Röste die Schalen im heißen Ofen etwa 15 Minuten. Wende sie vorsichtig (lass dir dabei helfen!) nach 8 Minuten einmal. Serviere die fertigen Chips in einer großen Schüssel am besten sofort.

Du kannst vor dem Rösten der Chips auch noch getrocknete Kräuter, süßes Paprikapulver oder zerhackten Knoblauch darüberstreuen oder mal ein anderes Öl ausprobieren.

Für Artenschützer und -schützerinnen

Ohne Bienen kein Leben – hast du das gewusst? Auch wenn man es sich kaum vorstellen kann, dass wir großen Menschen von diesen kleinen Insekten abhängig sein sollen, stimmt es doch. Weil im Zusammenleben von Menschen, Tieren und Pflanzen jede Art ihren Platz hat und wichtig ist. Fehlt eine, hat das Einfluss auf alles andere drum herum. Und genau darum verrät dir die Maus jetzt, was du für den Artenschutz tun kannst.

Warum ist Artenschutz so wichtig?

Wir leben auf dieser Erde in einem empfindlichen Gleichgewicht. Tiere, Menschen, die Natur, alles hängt miteinander zusammen und ist auch voneinander abhängig – wir aber viel mehr von der Natur und den Tieren als andersherum. Würde es zum Beispiel keine Bienen mehr auf unserem Planeten geben, weil es nicht mehr genug Blumen als Nahrungsquelle für sie gibt, gäbe es auch kein Obst und Gemüse mehr. Denn Bienen sind mit die wichtigsten Bestäuber von Pflanzen, die erst dadurch Früchte und Samen bilden können. Auch Pflanzenöle wie Sonnenblumenöl gäbe es nicht mehr. Ebenso wenig wie Schokolade, weil es für ihre Herstellung Kakaobohnen braucht – und das sind die Früchte der Kakaopflanze. Ohne Bienen würde sie nicht bestäubt werden und gar keine Bohnen ausbilden.

Jede Art hat ihren Platz

Und so ist es mit allen Lebewesen und jeder Pflanze auf diesem Planeten: Alles erfüllt eine Aufgabe und ist wichtig für den gesunden Kreislauf des Lebens. Alles Zusammenleben ist genau aufeinander abgestimmt. Außerdem ist jede Tier- und Pflanzenart einzigartig und unersetzlich für das Funktioneren dieses Kreislaufs, immerhin hat sie sich über Millionen von Jahren zu dem entwickelt, was sie heute ist. Und darum hat auch jedes noch so kleine (oder vielleicht auch eklig aussehende) Lebewesen unseren Respekt und Schutz verdient.

Tiere und Pflanzen beschützen

Artenschutz ist also wirklich wichtig – er bedeutet, dass man alle Tier- und Pflanzenarten schützt. Für einige Tiere müssen wir heute sogar ganz besonders kämpfen, denn durch unsere Art zu leben, durch die Umweltverschmutzung und weil wir so viel Platz in der Natur für uns beanspruchen, haben wir schon viele Tiere aus ihren natürlichen Lebensräumen vertrieben. Einige sogar unwiederbringlich.

Vom Aussterben bedrohte Tierarten

Viele Tiere auf unserer Erde sind vom Aussterben bedroht, weil sie von den Menschen gejagt werden oder ihr Lebensraum von uns zerstört wird, damit wir mehr Platz haben, zum Beispiel, um Gemüse oder Obst auf großen Plantagen anzubauen oder aber um riesige Hallen zu bauen, in denen die Tiere gehalten oder gefüttert werden, die dann später zu dem Fleisch verarbeitet werden, das wir essen. Das weißt du ja schon aus dem vorhergehenden Kapitel.

Diese Tierarten sind bedroht

Zu den 100 am meisten bedrohten Tierarten zählen Tiere von riesengroß bis winzig klein und von sehr weit weg bis direkt vor unserer Haustür. Zum Beispiel der Asiatische Elefant, der Lemur, der Blauwal, der Braunbär, der Eisbär, das Breitmaulnashorn, der Feldhase, der Feuersalamander, die Galapagos-Schildkröte, der Grünspecht, die Haselmaus, der Iberische Luchs, der Jaguar, der Schneeleopard, der Königstiger, der Mantarochen, der Seehund, die Spitzmaus, der Steinadler, der Steinbock, die Sumpfohreule, der Wolf und viele mehr.

Ausgestorbene Tierarten

Es gibt aber leider auch Tierarten, die bereits ganz ausgestorben sind. Geschätzt werden 160 Arten, ganz genau überprüfen kann man das aber nicht mehr und wahrscheinlich sind es noch viel mehr. Eine Art, die in den letzten Jahren erst ausgestorben ist, ist die Pinta-Riesenschildkröte. Die letzte bekannte hieß Lonesome George („einsamer Georg"). Er war etwa um 1910 aus seinem Ei auf der Galápagosinsel Pinta geschlüpft und starb im Juni 2012 als vermutlich letzte Schildkröte seiner Art. Ist das nicht ganz furchtbar traurig?

Auf der nächsten Seite erfährst du, was du für den Artenschutz tun kannst. Denn dafür muss man nicht erst erwachsen sein, du kannst schon heute damit anfangen!

Auch der Siebenschläfer (oben links) und der Eisvogel (oben rechts) sind vom Aussterben bedroht. Die Pinta-Riesenschildkröte (unten) ist bereits ausgestorben.

So kannst du etwas für den Artenschutz tun

Artenschutz fängt vor der Haustür an. Wenn du kleine Schritte in die richtige Richtung machst, kann das wichtige Folgen haben.

Das hier sind die besten Tipps:

1. Wildblumen und Kräuter pflanzen: Sie dienen als Nahrungsquelle für die Insekten, das geht im Garten oder auf dem Balkon.

2. Ein Insektenhotel bauen: Nicht nur die Bienen sind schützenswert, auch alle anderen Insekten. Ein Unterschlupf hilft ihnen dabei, sich vor dem Wetter zu schützen, zu überwintern und ihren Nachwuchs sicher schlüpfen zu lassen.

3. Weniger Rasen mähen: So kann Lebensraum erhalten werden, denn nur dann bleiben genug Blumen und blühende Gräser als Insektennahrung stehen. Lasst zumindest ein paar Wildblumeninseln stehen. Und vor allem: Immer sollte auf Pestizide verzichtet werden, also Gifte, die Schädlinge fernhalten sollen. So rettet ihr die kleinsten Lebewesen und außerdem sind Pestizide auch gesundheits- und umweltschädlich.

4. Bioprodukte einkaufen: Biobauern bewirtschaften ihre Ländereien nachhaltig, das heißt, sie achten darauf, dass der Kreislauf der Natur erhalten bleibt, der Boden nicht zu sehr ausgezehrt wird und auch kleinste Lebewesen überleben dürfen. Pestizide kommen bei Biobauern nicht zum Einsatz. Achtet beim Einkaufen also auf Siegel wie Bio, Naturland oder Demeter.

5. So plastikfrei wie möglich leben: Gerade Plastik ist Müll, der nicht vergeht und die Umwelt stark belastet. Plastikmüll landet oft im Meer, wo sich Wasservögel und Fische darin verfangen und qualvoll verenden.

6. Mitglied werden und spenden: Bei WWF, NABU, Greenpeace und Co. Es gibt eine Vielzahl an Organisationen, die sich für den Natur- und Artenschutz einsetzen.

Ohne Insekten geht es nicht – darum sollten wir es ihnen bei uns so heimelig wie möglich machen. Das geht mit Wildblumenwiesen, Insektenhotels und Co.

Insektenhotel aus alten Dosen bauen

Dafür brauchst du:

- *1 leere Konservendose (mindestens 10 cm hoch)*
- *Schleifpapier*
- *Acrylfarben und Pinsel zum Verschönern der Dose*
- *Gartenschere*
- *dünne Zweige*
- *hohle Schilf- und Bambusstängel oder Röllchen aus Wellpappe*
- *Watte, Wolle oder Baumwolle*
- *Hammer und Nagel*
- *Draht (zum Aufhängen)*

1. Säubere die Dose zuerst gründlich und befreie sie von ihrem Etikett und den Kleberrückständen. Trockne sie danach gut ab.

2. Damit weder du noch die Insekten sich an der Dose verletzen, muss der Deckel entfernt werden und die scharfen Kanten der Dose müssen mit dem Schleifpapier abgeschliffen werden. Lass dir hier bitte von einem Erwachsenen helfen.

3. Jetzt kannst du deine Dose von außen nach Herzenslust verschönern und bunt anmalen. Lass sie danach gut trocknen.

4. Währenddessen bereitest du das Füllmaterial vor: Mit der Gartenschere kürzt du Zweige, Bambusstängel oder ähnliches auf die Länge deiner Dose. Das Füllmaterial sollte schön glatt und nicht ausgefranst sein, um die Insekten nicht zu verletzen. Röllchen, die auf beiden Seiten offen sind, verschließt du auf einer Seite zum Beispiel mit Watte oder Wolle. Insekten schlüpfen nur hinein, wenn eine Seite geschlossen ist. →

Als Füllmaterial für dein Insektenhotel kannst du kleine Zweige, Bambusstängel, Stoh, trockenes Laub oder Holzwolle verwenden. Je nach Material lockt es unterschiedliche Insekten an.

Insektenhotel aus alten Dosen bauen

5. Bevor du das Füllmaterial in die Dose steckst, wird noch ein Loch für die Aufhängung gemacht. Dazu setzt du den Nagel auf dem Dosenboden nah am Rand auf und hämmerst darauf.

6. Fädele dann den Draht durch das Loch und aus der offenen Seite der Dose wieder heraus. Verbinde die Drahtenden über der auf der Seite liegenden Dose in einer großzügigen Schlaufe. Daran hängst du dein Insektenhotel später auf.

7. Nun steckst du das vorbereitete Füllmaterial in die Dose. Die Röhrchen sollten waagerecht liegen.

8. Hänge dein Insektenhotel möglichst in der Nähe von Blumen auf, damit die Insekten dann gleich etwas zu essen finden. Befestige es gut, die Dose sollte nicht hin- und herschwingen. Prima ist auch, wenn das Hotel vor allzu starker Sonneneinstrahlung, vor Regen und Wind geschützt ist. Die Hauswand eignet sich meist sehr gut.*

*** Der beste Zeitraum, um ein Insektenhotel aufzuhängen, ist von März bis September. In der wärmeren Jahreszeit sind die meisten Insekten unterwegs und es herrscht der größte Einnist-Verkehr.**

Vogelhaus aus Sperrholz bauen

Dafür brauchst du:

- *Papier*
- *Bleistift*
- *Lineal*
- *Schere*
- *Sperrholzplatte (Holzstärke 1 cm)*
- *Schleifpapier*
- *Stichsäge*
- *Holzleim*
- *Nägel*
- *Hammer*
- *Holzbohrer*
- *reißfeste Schnur zum Aufhängen*
- *Holzfarben (z. B. Acrylfarben)*

1. Hole dir Hilfe von einem Erwachsenen und los geht's: Zeichnet auf ein Blatt Papier die Schablonen für die vier gleich großen Seitenteile (Länge je 25 cm, Breite je 11 cm), den quadratischen Boden (alle Seiten 12 cm) und das Flachdach (ebenfalls alle Seiten 12 cm).

2. Schneide die Schablonen aus und übertrage sie mit einem Bleistift auf die Sperrholzplatte.

3. Jetzt werden alle Teile mit der Stichsäge ausgesägt. In eines der Seitenteile sägt ihr ein rundes Loch, durch das später die Vögel schlüpfen können.

4. Das kannst du gut allein machen: Glätte alle Kanten und Holzoberflächen mit dem Schleifpapier. Das macht man immer in Richtung der Holzmaserung.

5. Stellt dann alle vier Seitenwände auf und leimt sie mit dem Holzleim zusammen. Hier werden alle vier Hände gebraucht, um das Vogelhaus zusammenzuhalten. Danach wird das Haus auf den Boden geklebt. Das Dach kommt obendrauf. Dach und Boden könnt ihr noch verstärken, indem ihr sie an jeder Ecke mit einem Nagel mit den Seitenteilen zusammennagelt. →

Wenn du das Vogelhaus zusammengeleimt hast, warte unbedingt, bis der Leim ganz getrocknet ist, bevor du mit den nächsten Schritten weitermachst.

Vogelhaus aus Sperrholz bauen

6. In die Mitte des Daches (wirklich genau in die Mitte) wird ein kleines Loch gebohrt, durch das die Schnur zum Aufhängen geführt wird. Um genau die Mitte zu finden, kannst du mit dem Lineal und Bleistift eine Linie von einer Ecke zur diagonal gegenüberliegenden ziehen. Dort, wo die beiden Linien sich treffen, ist die Mitte. Bohre dort das Loch und fädele die Schnur durch. Mache im Inneren des Hauses einen dicken Knoten, sodass er nicht herausrutschen kann. Und ein kleines Loch bohrt ihr noch in den Boden, damit später die Feuchtigkeit entweichen kann.

7. Schon ist dein Vogelhaus fertig! Jetzt kannst du es von außen noch verschönern und bunt bemalen, wenn du Lust hast. Wenn die Farbe getrocknet ist, hängst du dein Vogelhäuschen am besten an einem halbschattigen Ort auf, der vor Regen geschützt ist. Auch Katzen und andere Raubtiere wie Marder sollten nicht so leicht herankommen, damit die Vögel in Ruhe nisten können.*

*** Du kannst dein Vogelhaus bereits im Herbst aufhängen. So kann es im Winter verschiedenen Kleintieren und Insekten zum Schutz vor der Kälte dienen. Im neuen Jahr solltest du das Vogelhaus spätestens bis März draußen anbringen, bevor die Vögel mit dem Nestbau beginnen.**

Wildblumenwiese im Frühling aussäen

Dafür brauchst du:

- *im Garten: ein Beet*
- *auf dem Balkon: Blumenkasten und Blumenerde (für einen normal großen Kasten ungefähr 12 Liter)*
- *heimische Wildblumensamen (die gibt's im Gartencenter, Blumenladen oder auch in der Drogerie zu kaufen)*

1. Auf dem Balkon: Als Erstes füllst du den Kasten mit Erde, sodass etwa 4 Fingerbreit zum oberen Rand hin frei bleiben. Im Garten: Grabe das Beet einmal um.

2. Dann streust du die Samen gleichmäßig verteilt auf die Erde und drückst sie am Ende mit dem Handrücken etwas fest. Bedecke sie mit einer dünnen Schicht Erde.

3. Jetzt gießt du deine Samen einmal ordentlich. Das musst du ab jetzt sowieso regelmäßig einmal am Tag. Mache aber vorher immer einmal die Fingerprobe (siehe Seite 37).

4. Und nun kannst du voller Vorfreude abwarten, bis sich die ersten Pflänzchen ans Licht kämpfen. Das ist meist schon nach wenigen Wochen der Fall.*

*** Der beste Zeitpunkt, um eine Wildblumenwiese und damit ein Festmahl für alle Insekten anzupflanzen, ist von März bis Mai. Der Ort sollte möglichst trocken und voller Sonne sein.**

Frühblüher im Herbst anpflanzen

Dafür brauchst du:

- *auf dem Balkon: großen Blumentopf mit Blumenerde*
- *im Garten: ein Beet*
- *Pflanzschaufel*
- *etwas Sand*
- *Blumenzwiebeln von Frühblühern (gibt's im Gartencenter oder im Blumenladen), schön frisch und fest*

*** Frühblüher kommen aus einer Blumenzwiebel, nicht aus Samen, und werden bereits im Herbst gepflanzt, damit sie pünktlich mit den ersten Sonnenstrahlen im neuen Jahr sprießen.**

Wunderbar ist, wenn du auch ein paar Frühblüher pflanzt, denn dann haben schon die Insekten, die sehr früh im Jahr hervorkommen, etwas zu essen.

1. Am besten gedeihen die Blumenzwiebeln an einem sonnigen Platz. Hebe für jede Zwiebel ein Erdloch aus, in das sie gut hineinpasst und das zweimal so tief ist wie die Zwiebel groß. Lockere den Boden mit der Pflanzschaufel etwas auf und fülle eine Schicht Sand hinein.

2. Setze jetzt die Zwiebel mit der Spitze nach oben in das Loch. Fülle das Loch mit Erde auf und drücke sie leicht an.

3. Wenn alle Blumenzwiebeln gesetzt sind, gieße sie gründlich. Wenn die Blätter hervorgekommen sind, gieße regelmäßig, aber nicht zu häufig. Die Erde sollte nie zu trocken, aber auch nie zu feucht sein (mache immer erst die Fingerprobe).

4. Schütze deine Blumenzwiebeln vor Frost. Stelle entweder die Töpfe an einen geschützten Ort oder bedecke die Erde im Beet mit Vlies oder Jutesäcken. Kälte bis minus 6° C macht den Frühblühern aber nichts aus, im Gegenteil sie brauchen sie sogar, um „wachgeküsst“ zu werden.

Frühblüher sind zum Beispiel Krokusse, Hyazinthen (oben), Narzissen (unten links), Schneeglöckchen (unten rechts), Tulpen, Gänseblümchen oder Märzbecher.

Für Mode-FAIR-liebte

Wir brauchen Kleidung, um unseren Körper vor Kälte oder Hitze zu schützen. Aber wir tragen sie auch, um nicht nackt zu sein und weil wir sie schick und modern finden. Aber was hat das mit Umweltschutz zu tun? Eine ganze Menge, denn zur Herstellung von Kleidung braucht es Materialien, Energie, Platz, Wasser und sie wandert zum Teil weite Wege um die Welt, um zu uns in die Läden zu kommen. All das zeigt dir die Maus in diesem Kapitel.

So wichtig ist Kleidung für uns

Kleidung tragen wir vor allem, um uns warm zu halten und unsere Haut zu schützen, denn unser Körper ist nicht wie der vieler Tiere überall mit dichten Haaren bedeckt. So hat es sich über die Jahrtausende entwickelt, dass die Menschen bekleidet herumlaufen und es uns sehr komisch vorkommen würde, in der Öffentlichkeit nackt zu sein.

Die erste Kleidung, die die Menschen in der Steinzeit trugen, war aus Tierleder und Tierfellen gemacht. Im Mittelalter konnten die Menschen dann schon aus Wolle und Seide Fäden spinnen und daraus Stoffe weben, aus denen sie Kleidung herstellten.

Mit der Zeit ist Kleidung auch immer mehr zu etwas geworden, was die Menschen schön finden, das nennt man „Mode“. Kleidung, die man schön findet, kauft man nicht nur dann, wenn die alten Sachen zu eng geworden oder kaputtgegangen sind, sondern oftmals einfach, weil man etwas im Schaufenster, auf Werbeplakaten oder an einer berühmten Person sieht und es gern auch sofort haben möchte.

Fast Fashion – schnelle Mode

Weil man mit Mode sehr viel Geld verdienen kann, haben sich die Macher überlegt, in kurzen Abständen immer neue Mode zu entwerfen, das nennt man eine „Kollektion“. So gibt es jeden Frühling, Sommer, Herbst und Winter neue Farben und Schnitte in den Schaufenstern zu sehen, die die Menschen haben wollen. Schon ein paar Wochen später wird diese Kleidung durch eine neue Kollektion ausgetauscht, das nennt man „Fast Fashion“ („schnelle Mode“). Schon im Mittelalter konnte man anhand der Kleidung erkennen, ob jemand viel oder wenig Geld hatte, je nachdem, wie teuer die Stoffe waren und wie aufwendig die Kleidung verziert war. Das ist bis heute ein wenig so geblieben: Es gibt bestimmte Marken, deren Namen kennt man auf der ganzen Welt und die können sich nur Menschen leisten, die viel Geld haben.

Was hat Kleidung mit der Umwelt zu tun?

Wenn deine Hose oder dein Rock zu kurz, dein T-Shirt zu eng, deine Socken zu klein sind, gehst du mit deinen Eltern neue, größere Klamotten kaufen. Aber hast du dich schon mal gefragt, wie die Kleidung in die Läden kommt? Und wer sie herstellt und wie?

Heute besteht unsere Kleidung oft aus Baumwolle oder anderen Naturfasern. Die Stoffe und die Kleidung daraus werden in großen Fabriken überall auf der Welt hergestellt, allerdings liegen die meisten in sehr armen, weit entfernten Ländern. Mit dem Lkw, dem Flugzeug oder dem Schiff wird die fertige Kleidung dann zu uns transportiert.

Die Menschen, die in diesen weit entfernten Fabriken arbeiten, werden häufig nicht gut behandelt, müssen viele Stunden arbeiten, ohne eine Pause machen zu dürfen, bekommen sehr wenig zu essen und werden schlecht bezahlt. Und ganz schlimm ist, dass auch Kinder in den großen Fabriken arbeiten, anstatt zur Schule zu gehen.

Außerdem kostet es viel Energie, die Kleidung die weiten Wege bis zu uns zu bringen. Das ist schlecht für die Umwelt, wie du schon weißt. Dazu kommt, dass der Anbau von so viel Baumwolle und anderen Stoffmaterialien unsere Umwelt zusätzlich stark belastet. Denn die Pflanzen brauchen sehr viel Platz und Wasser und es werden jeden Menge Pestizide verspritzt, um sie vor Schädlingen zu schützen. Zudem sind die chemischen Farben, mit denen viele Kleidungsstücke gefärbt werden, ebenfalls giftig. Das Abwasser aus den großen Fabriken wird dann oft einfach in die umliegenden Flüsse geleitet, die dadurch stark verschmutzt werden.

Nur weil die Menschen in den Fabriken so schlecht bezahlt werden und keine Rücksicht auf die Umwelt genommen wird, kann die Kleidung für uns so günstig sein. Die meisten Menschen in Deutschland besitzen viel mehr Kleidung, als sie brauchen. Berge davon werden aussortiert und einfach weggeworfen. Was für eine Verschwendung, oder?

So kannst du die Umwelt schonen

Natürlich darfst du dich auch gern weiterhin schön anziehen. Du kannst aber in Zukunft ein paar Dinge beachten, wenn es um Kleidung geht.

Das hier sind die besten Tipps:

1. **In Maßen:** Kaufe nur Kleidung, die du wirklich brauchst.

2. **Tauschen und spenden:** Wenn du Kleidung nicht (mehr) anziehst, sortiere sie aus und tausche oder spende sie. Du kannst sie zum Beispiel zum Roten Kreuz bringen oder in ein Sozialkaufhaus, dann kommt sie Menschen zugute, die kein oder wenig Geld haben, sich Kleidung zu kaufen.

3. **Second Hand:** Kaufe deine Kleidung Second Hand ein, das heißt, dass die Kleidung schon mal von jemand anderem getragen wurde. Das kann in Second Hand-Läden sein oder auch auf dem Flohmarkt.

4. **Fairtrade-Siegel:** Achte beim Kauf neuer Klamotten darauf, dass die Menschen, die sie hergestellt haben, und die Umwelt gut behandelt wurden. Das erkennst du an Siegeln wie „Fairtrade" („fairer Handel"), „GOTS" oder „Textiles Vertrauen". Du findest eine Liste dieser Siegel leicht im Internet.

5. **Gute Qualität:** Achte beim Kleidungskauf auf hochwertige Materialien und gute Qualität. Diese Kleidung ist meist ein ganzes Stück teurer, aber dafür hält sie in der Regel auch sehr lang und tut deiner Haut und der Umwelt gut.

6. **Kurze Wege:** Kaufe möglichst Kleidung, die in Europa hergestellt wurde, dann ist ihr Weg nicht so weit.

7. **Upcycling:** Versuche doch mal, deine alte Kleidung umzuwandeln in etwas Neues, das nennt sich „Upcycling". Ein paar Tipps dazu findest du auf den nächsten Seiten.

Jedes Jahr am zweiten Samstag im Mai ist der Tag des Fairen Handels. Sortiere doch zu diesem Tag Klamotten aus, die du nicht mehr trägst, und spende sie.

Kleidung mit Batikmuster färben

Dafür brauchst du:

- *eines deiner Kleidungsstücke aus Naturfasern (Baumwolle, Leinen etc.), das du upcyceln willst*
- *Klebeband, Paketschnur oder Haushaltsgummis*
- *Einmal-Handschuhe*
- *ca. 4 Liter Wasser*
- *Textilfarbe**
- *Fixiersalz**

*** gibt's in der Drogerie. Lies dir, bevor du mit dem Färben beginnst, am besten noch die Anleitung auf der Rückseite der Verpackung durch.**

1. Greife dein Kleidungsstück in der Mitte und drehe es ein (Bild 1). Verschnüre es dann mit Klebeband, Paketschnur oder Gummis (Bild 2).

2. Ziehe dir am besten Handschuhe an, denn jetzt arbeitest du mit der Farbe. Befülle einen Eimer oder ein anderes Behältnis mit 2 Liter Wasser und gib die Farbe dazu.

3. Lege nun dein verschnürtes Kleidungsstück in den Eimer und beschwere es in der Mitte mit einem Stein, damit es unter Wasser bleibt. Da bleibt es nun eine ganze Stunde lang, damit es sich mit der Farbe vollsaugen kann.

4. Hinterher tauche deine Klamotte in ein zweites Wasserbad mit dem Fixiersalz. Das sorgt dafür, dass die Farbe beim nächsten Waschgang nicht rausgewaschen wird.

5. Jetzt erst löst du das Klebeband/die Paketschnur/die Gummis und wäschst dein Kleidungsstück gründlich aus. Am besten so lange, bis nur noch klares Wasser zu sehen ist.

6. Hänge deine Klamotte zum Trocknen auf – fertig ist dein „neues" Kleidungsstück!

An die Stellen, an denen das Kleidungsstück zusammengeschnürt ist, kommt beim Einfärben keine Farbe heran. Auf diese Weise entsteht das typische Batikmuster, das du hier sehen kannst. Sieht das nicht toll aus?

Obst- oder Gemüsebeutel aus alten Stoffen nähen

Dafür brauchst du:

- *1 Blatt Papier*
- *Lineal, Stift*
- *alten Stoff (z. B. ein Hemd oder eine Bluse aus Baumwolle)*
- *Schere*
- *Stecknadeln*
- *Nähmaschine oder Nadel und Faden*
- *Kordel oder hübsches, breites Band*

1. Als Erstes malst du auf das Papier dein Schnittmuster auf. Lass dir dabei von einem Erwachsenen helfen. Du brauchst zwei Stoffstücke mit 23 x 21 cm für deinen Beutel. Schneide die Schablone anschließend aus.

2. Zeichne nun jedes Teil zweimal auf deinen Stoff und schneide die Teile aus. Du hast jetzt zwei gleiche Stoffteile für den Beutel.

3. Lege beide Beutelteile mit den hübschen Stoffseiten* nach innen genau aufeinander (sie werden später umgestülpt). Stecke sie an den Rändern mit Stecknadeln zusammen, damit sie beim Nähen nicht verrutschen. Nähe die Beutelteile nun an drei Seiten zusammen, eine der schmalen Seiten bleibt frei, das ist die Öffnung des Beutels. Du kannst dir bei diesem Schritt von einem Erwachsenen mit der Nähmaschine helfen lassen oder aber du lässt dir zeigen, wie man mit Nadel und Faden näht.

4. Stülpe deinen Beutel nun um, die hübschen Stoffseiten sollten jetzt zu sehen sein, dafür keine Nähte mehr.

5. Schneide die Kordel/das Band zu. Damit kannst du deinen Beutel, wenn er gefüllt ist, oben zubinden.

*** Die „hübsche" Stoffseite ist diejenige, die am Ende gezeigt werden soll. Sie liegt beim Zusammennähen meist innen.**

Mit deinem eigenen Stoffbeutel musst du beim Einkaufen in Zukunft keine Plastiktüten mehr für dein Obst oder Gemüse benutzen und sparst so eine Menge Müll.

Für Müllvermeider und -vermeiderinnen

Leere Joghurtbecher und Flaschen, benutzte Briefumschläge, Dosen, kaputtes Spielzeug, Pappkartons, Kronkorken und auch Essensabfälle sind alles Müll. So unterschiedlich er ist, so unterschiedlich muss er behandelt werden, damit er richtig entsorgt oder wiederverwertet werden kann. Im Jahr produziert jeder und jede von uns immerhin über 600 Kilogramm Müll! Wie du darum am besten Müll einsparst, das verrät dir jetzt die Maus.

Was ist eigentlich Müll?

Alles, was wir wegschmeißen, also nicht mehr brauchen, ist Müll oder Abfall. Wir werfen ihn einfach in eine Tonne, die regelmäßig von der Müllabfuhr abgeholt wird, und damit ist unsere Aufgabe erledigt. Aber der Weg des Mülls geht noch viel weiter.

So unterscheidet man Müll

Müll kann sehr verschieden sein. Es gibt Verpackungsmüll wie Joghurtbecher oder -deckel, Shampooflaschen, Plastikfolie oder Milchkartons. Er kommt in den gelben Sack oder die gelbe Tonne. Dieser Müll kann wiederverwertet werden, das nennt sich „Recycling" (das ist Englisch für „Wiederverwertung"). Dazu wird der Müll in großen Betrieben in seine Einzelteile zerlegt, gesäubert und sozusagen neu zusammengesetzt. Ein Joghurtbecher wird dann nicht unbedingt wieder zu einem Joghurtbecher, aber vielleicht in seinem nächsten Leben zu einem Teil einer Getränkekiste oder einer Wäscheklammer.

Dann gibt es Altpapier und Altglas, also benutztes Papier und Pappe und leere Glasflaschen, die in die großen Container gehören, die in jeder Stadt stehen. Auch das wird recycelt. So wird aus unserem alten Pappkarton, in dem etwas verpackt war, vielleicht im nächsten Schritt Recyclingpapier. Das ist nicht so weiß wie neues Papier, dafür besser für die Umwelt, weil bei der Herstellung weniger Energie und Wasser verbraucht werden und außerdem keine neuen Bäume abgeholzt werden müssen.

Pfandflaschen haben fast immer ein besonderes Zeichen auf dem Etikett, das bedeutet, dass man sie in den Supermarkt zurückbringen und dort in den Pfandflaschenautomaten stecken kann. Flaschen aus Glas werden gereinigt und wieder benutzt, solche aus Plastik werden recycelt. Wusstest du übrigens, dass es auch auf viele Joghurtgläser Pfand gibt? Auch sie kannst du im Pfandautomaten zurückgeben.

→

Was ist eigentlich Müll?

Biomüll ist ja eigentlich kein Müll, denn er besteht nur aus natürlichen Stoffen und kann deshalb der Umwelt einfach wieder zugeführt werden. Dazu haben Menschen mit einem Garten einen Komposthaufen, in dem die (meisten) Essensabfälle sowie Gartenabfälle mit der Zeit von ganz allein zu guter Erde werden. Wer keinen eigenen Kompost hat, kann die Essensabfälle in die Biotonne werfen, die dann von der Müllabfuhr abgeholt wird.

Hast du schon mal von „Sondermüll" gehört? Das ist eben besonderer Müll, der extra entsorgt werden muss, weil er gefährlich sein kann. Er kann nämlich entweder brennbar sein, manchmal sogar explosiv, oder gesundheitsgefährdend. Zu Sondermüll zählen zum Beispiel Elektroschrott (das sind kaputte Fernseher, Computer oder andere elektronische Geräte), Batterien, Energiesparlampen, aber auch Farben. Diese ganzen Sachen müssen zu einem Wertstoffhof gebracht werden.

Wohin mit dem Müll?

Und dann bleibt leider noch eine Menge Müll übrig, wie volle Windeln, CDs oder DVDs und vieles mehr. Eben alles, was nicht anders zugeordnet werden kann. Diesen Müll nennt man Restmüll, denn der kann nicht wiederverwertet werden. Früher hat man ihn einfach in leere Gruben oder auf Mülldeponien gekippt. In einigen Ländern der Welt wird das leider immer noch so gemacht, oft unerlaubt. Bei uns ist das mittlerweile verboten, deshalb wird der Restmüll in großen Fabriken verbrannt. Der Rauch, der dabei entsteht, ist aber giftig und gelangt leider in unsere Luft und verschmutzt die Umwelt. Eine wirklich gute Lösung, mit dem ganzen Müll auf der Welt umzugehen, haben die Menschen bisher noch nicht gefunden, denn es kommt auch täglich sehr, sehr viel neuer Müll dazu. Darum ist es wirklich ganz, ganz wichtig, dass wir so wenig Müll wie möglich produzieren.

SPENDRUPS

Warum ist Plastik schädlich?

Plastik besteht aus Materialien, die nicht in der Natur vorkommen. Sie werden künstlich von den Menschen in Fabriken erzeugt, darum wird Plastik auch „Kunststoff“ genannt. Weil es kein natürliches Material ist, verschwindet es nicht nach einiger Zeit, wie zum Beispiel Papier das macht, weil es sich dann zersetzt. Plastik ist sozusagen „unkaputtbar“ und damit ein großes Müllproblem. Außerdem verbraucht seine Herstellung sehr viel Erdöl und es entstehen dabei auch viele giftige Stoffe, die schlecht für Umwelt, Mensch und Tier sind.

Kunststoff ist in sehr vielen Dingen unseres heutigen Lebens enthalten: Matratzen, Schwämmen, Kleidung, Schuhen, Verpackungen für Lebensmittel. Und auch viele Spielsachen wie Lego und Co. sind aus Plastik gefertigt. Winzige Plastikteilchen befinden sich sogar in Cremes, Zahnpasta und anderen Produkten, die wir im Bad benutzen. Diese Teilchen nennt man Mikroplastik, du hast davon schon im Wasser-Kapitel gelesen. Sie sind höchstens einen halben Zentimeter groß – vielleicht hast du am Strand schon mal diese bunten, kleinen Plastikkügelchen gefunden –, oft aber auch mit bloßem Auge gar nicht zu erkennen. Und weil Mikroplastik so klein ist, können es die Kläranlagen nicht richtig aus unserem Abwasser herausfiltern und es gelangt in die Flüsse. Von dort fließt es ins Meer, wo es von Fischen und anderen Meerestieren gefressen wird – die dann vielleicht irgendwann auf unserem Teller landen. Mikroplastik gelangt also überall hin, sogar in unseren Körper, und verschmutzt unseren ganzen Planeten. Ist das nicht ein fieser Kreislauf?

An jedem dritten Samstag im September ist World Cleanup Day. Das bedeutet auf Deutsch „Weltaufräumtag“. Schaue doch mal, ob auch in deiner Stadt oder Gemeinde eine Müllsammelaktion in der Natur stattfindet. Und wenn nicht: Frage deine Freunde und Freundinnen und deine Familie und startet selbst eine Müllsammelaktion!

So kannst du Müll vermeiden

Natürlich können wir nicht von heute auf morgen ganz auf jeglichen Müll und Abfall verzichten. Den Müll aber soweit es geht zu reduzieren, ist eine wichtige Aufgabe, die wir uns alle vornehmen sollten – und das ist gar nicht so schwer.

Das hier sind die besten Tipps:

1. **Weniger ist mehr:** Es ist die einfachste Lösung: Lasst uns alle weniger kaufen. Das betrifft unsere Lebensmittel, von denen viele am Ende in der Tonne landen, weil wir nicht schaffen, sie alle zu verbrauchen. Genauso gilt es auch für Spielzeug, Kleidung und Co. Je mehr wir kaufen, umso mehr Müll produzieren wir – bei der Herstellung der Dinge, bei ihrer Verpackung, bei ihrem Transport und zuletzt bei ihrer Verbrennung, wenn wir sie nicht mehr brauchen.

2. **Weniger Verpackungen:** Kaufe Dinge im Supermarkt ein, die so wenig wie möglich verpackt sind. Zum Beispiel keine Süßigkeiten, die in der großen Tüte noch mal alle extra einzeln verpackt sind. Obst und Gemüse kann man sehr gut unverpackt kaufen und dazu eigene Stoffbeutel oder alte Brötchentüten verwenden. In Unverpacktläden kannst du sogar Nudeln, Reis, Cornflakes und vieles mehr in eigens mitgebrachte Behälter abfüllen. Auch viele Hygieneartikel gibt es mittlerweile in umweltschonenden Varianten, zum Beispiel Haarseife statt Shampoo in der Plastikflasche, feste Zahnpasta am Stiel statt der in der Tube und vieles mehr. Es lohnt sich eine Entdeckungsreise in die Drogerie bei dir um die Ecke.

3. **Müll trennen:** Das hast du nun bereits erfahren: Es ist sehr wichtig, unseren Müll zu trennen, damit der, der wiederverwertbar ist, das auch werden kann. Wenn ihr noch keinen Müll trennt, sprich deine Eltern einmal darauf an. Bestimmt lässt sich da etwas machen. Ihr helft der Umwelt damit enorm – und damit am Ende uns allen.

→

Müll vermeiden statt Müll sammeln (natürlich kannst du auch beides tun)! Ganz leicht geht das mit Stoffbeuteln, Mehrweggläsern und -flaschen oder Gemüse- und Obstnetzen.

4. Keine Plastiktüten: Nimm deinen eigenen Stoffbeutel oder einen Korb zum Einkaufen mit und kaufe keine neuen Plastiktüten mehr. Du kannst dir auch selbst einen Beutel machen! Wie das geht, erfährst du auf Seite 112.

5. Glas statt Becher oder Tüte: Joghurt und Milch gibt es statt im Becher oder in der Tüte auch in Mehrweggläsern.

6. Brotdose: Lass dir dein Pausenbrot in eine Brotdose packen und nicht in Brottüten. Und auch dein Pausengetränk sollte in eine auswaschbare und wiederverwendbare Glasflasche gefüllt sein, statt dass du aus Einweg-Plastiktütchen trinkst.

7. Keine Einwegprodukte: Gerade in der Küche wird viel Backpapier, Alufolie oder Frischhaltefolie verbraucht. Dabei gibt es heute Dauerbackpapier (aus Silikon) oder Bienenwachstücher, um etwas frisch zu halten (die kannst du auch einfach selbst herstellen, wie das geht, das erfährst du auf Seite 126). Vermeide auch Einweggeschirr, -becher, und -besteck. Überlege dir, ob es nicht auch anders geht. Und wenn das mal gar nicht zu vermeiden ist, dann nimm besser Produkte aus Pappe und Holz statt aus Plastik.

8. Regrowing: Anstatt neuen Salat zu kaufen, der womöglich in Plastik eingeschweißt ist, könntest du auch einmal „Regrowing“ mit Salatresten versuchen. Neugierig geworden? Dann blättere vor auf Seite 128, dort erfährst du, wie das geht.

9. Upcycling: Statt alte Klamotten wegzuwerfen, wandele sie doch einfach in etwas Neues um. Wie das geht, hast du schon auf Seite 106 erfahren. Oder spende sie, tausche sie oder verkaufe sie weiter.

10. Second Hand: Auch das kennst du schon: Bevor du neue Kleidung (die wieder neu hergestellt, verpackt und transportiert werden muss) kaufst, schaue doch mal im Second Hand-Laden oder beim nächsten Flohmarkt vorbei, ob du da etwas Schickes findest, das dir gefällt. Meist ist das noch dazu viel günstiger.

In Unverpacktläden füllt man seine Lebensmittel in mitgebrachte Behälter ab. Auch Seifen sind immer besser als Shampoo und Co., weil sie viel weniger Verpackung benötigen und deutlich länger halten.

Bienenwachstuch selbst machen

Dafür brauchst du:

- *alte Zeitungen*
- *2 Bogen Backpapier*
- *1 Stück Baumwoll- oder Leinenstoff (ca. 30 x 30 cm)*
- *25 g Biobienenwachsperlen oder Bienenwachsplatten (gibt's in der Drogerie oder online)*
- *Bügelbrett*
- *Bügeleisen*

*** Wenn du das Tuch benutzen willst, um etwas darin zu verpacken oder etwas damit abzudecken, wärme das Tuch kurz mit deinen Händen an, dann lässt es sich besser formen.**

1. Lege nacheinander zwei Lagen Zeitungen, einen Bogen Backpapier und dann deinen Stoff auf das Bügelbrett.

2. Verteile darauf gleichmäßig die Bienenwachsperlen. Wenn du Wachsplatten hast, zerteile sie vorher in kleinere Stücke. Lege Perlen oder Platten nicht zu nah an den Rand, damit das flüssige Wachs nicht herausquillt.

3. Bedecke alles mit dem zweiten Bogen Backpapier und stelle das Bügeleisen auf Baumwollstufe ein.

4. Wenn das Bügeleisen heiß ist, bügele gründlich und gleichmäßig über das Backpapier (oberes Bild). Das Wachs schmilzt in sehr kurzer Zeit. Am besten ist hier ein Erwachsener dabei, damit du dich nicht verbrennst.

5. Schalte das Bügeleisen aus und lege es auf den dafür vorgesehenen Platz auf dem Bügelbrett ab, damit nichts anbrennt. Ziehe nun zuerst das obere Backpapier und dann das Tuch vom unteren Backpapier ab. Das sollte recht schnell gehen, weil das Wachs rasch hart wird.

6. Halte das Tuch noch ein paar Minuten fest und lass es ganz trocknen.*

Bienenwachstücher kannst du benutzen, um Obst und Gemüse, aber auch Brot darin einzuwickeln oder Speisen damit abzudecken. Du kannst sogar etwas darin einfrieren und so Gefrierbeutel aus Plastik vermeiden.

Regrowing:* Gemüse nachwachsen lassen

Dafür brauchst du:

- *Gemüsereste*
- *1 kleines Glas oder Schälchen mit Wasser*
- *evtl. 3–4 Zahnstocher*
- *1 kleinen oder mittelgroßen Blumentopf mit Bioblumenerde*

*** „Regrowing" ist ein englisches Wort und bedeutet „nachwachsen" oder „wieder wachsen". Vielleicht kennst du schon seinen Zwilling: „Recyling", was „wiederverwerten" bedeutet.**

Pflanzen haben in ihrem Strunk, in ihren Wurzeln oder auch in ihrem Grün die Kraft, sich wieder ganz zu erholen, wenn man sie abgeschnitten hat. Das geht gut mit Salat (Strunk), Möhren (Wurzelgrün), Frühlingszwiebeln (Wurzel) oder Süßkartoffeln (Spitze). Das heißt, du musst den „Gemüseabfall" nicht wegwerfen, sondern kannst dir neues Gemüse daraus ziehen! Ist das nicht wahnsinnig spannend und cool?!

1. Lege oder stelle deinen Gemüserest für fünf bis sieben Tage ins Wasser (einen Strunk kannst du gut mit drei oder vier Zahnstochern „stützen", sodass er nicht im Wasser versinkt).

2. Sobald sich neue Keime gebildet haben, pflanzt du dein Gemüse in den Blumentopf um. Der alte Gemüserest steckt in der Erde, die neuen Keime gucken oben raus, klar.

3. Jetzt heißt es noch: Das Ganze regelmäßig gießen, aber immer vorher die Fingerprobe machen, denn ab jetzt soll dein Gemüse nicht mehr in Wasser schwimmen. Bald ist dein selbst (wieder-)gezogenes Gemüse erntebereit!

Regrowing funktioniert mit unterschiedlichen Gemüse- und Salatsorten oder Kräutern. Hier siehst du im Uhrzeigersinn Romanasalat, Frühlingszwiebeln und Basilikum.

Sachregister

Bastel- und Experimentregister

Rezeptregister

IMPRESSUM

Hinter jedem tollen Buch steckt ein starkes Team

Projektleitung: *Rebecca Angerer, Isabella Hofmann*
Texte: *Nina Schnackenbeck*
Rezepte: *ZS-Team*
Lektorat: *Rebecca Angerer, Isabella Hofmann*
Grafische Gestaltung und Satz: *Julia Arzberger*
Zeichnungen: *Ina Mertens*
Herstellung: *Frank Jansen*
Producing: *Jan Russok*
Druck & Bindung: *optimal media GmbH, Röberl*

1. Auflage 2022
© 2022 Edel
Verlagsgruppe GmbH
Kaiserstraße 14 b
D-80801 München
ISBN: 978-3-96584-249-6

Weitere Bücher mit der Maus:

- Kochen und backen mit der Maus
- Drinnen & draußen mit der Maus
- Weihnachten mit der Maus

BILDNACHWEIS

Julia Hoersch: S. 65, 66, 68, 71, 72, 75; Michael Ruder: S. 19, 21, 51, 53, 77, 91, 93, 95, 97, 113; Shutterstock: 22Images Studio: S. 109 (o.); Alexa_Space: S. 104; Andrey_Popov: S. 123 (o. l.); Andrey Sayfutdinov: S. 36; Anna Anatol: S. 107; anweber: S. 44; Avatar_023: S. 10; Axel Mel: S. 81 (u.); barmalini: S. 60 (u.); BearFotos: S. 89 (o. r.); beats1: S. 79 (o.); BeneathMyFeet: S. 121; Blachkovsky: S. 127 (u. r.); chanson: S. 109 (u.); Chinnapong: S. 123 (u. l.); Chuchawan: S. 17 (o.); CoinUp: S. 34 (o. r.); Duangdaw: S. 8; DuxX: S. 56; Emelie Lundman: S. 119; Evgenia Tuzinska: S. 101 (o.); Fotimageon: S. 99; FotoHelin: S. 127 (o.); Gaschwald: S. 31 (u.); Gavran333: S. 116; Greens and Blues: S. 101 (u. r.); Heike Rau: S. 129 (u.); Irina Wilhauk: S. 15 (o. r.); Ja Crispy: S. 129 (o. l.); Jayakri: S. 33 (o. l.); Juice Dash: S. 24; KaliAntye: S. 49; Karin Jaehne: S. 17 (u.); Laur Irina: S. 47 (o. r.); Lunghammer: S. 89 (u. r.); Madeleine Steinbach: S. 79 (u.); Maples Images: S. 29; Maria Tebriaeva: S. 123 (o. r.); Massimiliano Finzi: S. 101 (u. l.); Mehaniq: S. 15 (u. r.); Mehriban A: S. 129 (o. r.); Mikhail Sedov: S. 47 (u. l.); Miroslav Hlavko: S. 87 (o. l.); Nadezda Murmakova: S. 15 (o. l.); Natalia Deriabina: S. 63, S. 125 (o.); New Africa: S. 34 (u. r.), S. 43, S. 127 (u. l.); nnattalli: S. 89 (o. l.); panco971: S. 47 (o. l.); Photology1971: S. 34 (u. l.); Pressmaster: S. 31(o.); r.classen: S. 47 (u. r.); Ramil Gibadullin: S. 33 (u.); RapunzielStock: S. 4; rudolfgeiger: S. 33 (o. r.); Sonja Filitz: S. 60 (o.); SpelaG91: S. 125 (u.); steve j evans photography: S. 87 (o. r.); Tanya Sid: S. 123 (u. r.); Tatevosian Yana: S. 59; Tom Gowanlock: S. 111 (u. l.); Tupungato: S. 89 (u. l.); ultramansk: S. 40; Uuganbayar: S. 34 (o. l.); VCoscaron: S. 13; Vedran123: S. 87 (u.); Vera Larina: S. 84; VITALII BORKOVSKYI: S. 81 (o.); VLADIMIR VK: S. 111 (o., u. r.); Vladyslav Lehir; S. 15 (u. l.); Volker Rauch: S. 26

LIEBE LESER*INNEN

wie schön, dass Sie ein Buch von ZS in den Händen halten. „jetzt leben!“ ist das Motto unseres Verlages. Es steht für Genuss und Inspiration, Unterstützung und Motivation. Ob Kulinarik oder Fitness, Gesundheit oder Lebenshilfe – seit über 30 Jahren bieten wir kompetente Ratgeber für (fast) alle Lebenslagen. Wir lieben Tradition genauso wie Innovation – sie treiben uns an. Unsere Autor*innen sind Menschen, die zu ihrem Thema wirklich etwas zu sagen und zu schreiben haben. Unsere Produkte sind erzählerisch, appetitmachend und als gedruckte Bücher haptisch echte Erlebnisse. Für Sie mit ganz viel Liebe gemacht! Entdecken Sie mehr aus unserer wunderbaren Welt!

UNSER VERLAGSHAUS

Mit Standorten in München, Hamburg und Berlin zählt die Edel Verlagsgruppe zu den größten unabhängigen Buchanbietern Deutschlands. Zur Edel Verlagsgruppe gehört unter anderem ZS mit seinen Lizenzmarken Dr. Oetker Verlag, Kochen & Genießen und Phaidon by ZS.

ZS - Ein Verlag der Edel Verlagsgruppe
www.zsverlag.de
www.facebook.com/zsverlag
www.instagram.com/zsverlag

FÜR DIE UMWELT

ZS unterstützt bei der Produktion dieses Buches das Projekt „Junge Riesen für die nächsten 100 Jahre“ im Naturpark Nossentiner/Schwinzer Heide. Damit wird ein Anteil der unvermeidbaren CO_2-Emissionen im direkten Umfeld des Produktionsstandortes kompensiert.

PARTNER
Naturpark Nossentiner / Schwinzer Heide
www.optimal-media.com/naturschutzprojekt-001

NEWSLETTER

Was koche ich denn heute Feines? Und wie geht das nochmal – schmackhaft und gleichzeitig gesund?

Mit dem ZS Newsletter keine kulinarischen und gesundheitlichen Trends mehr verpassen und immer auf dem neuesten Stand bleiben. Wir informieren regelmäßig über unsere Neuerscheinungen, Aktionen oder Gewinnspiele und verraten unsere Lieblingsrezepte!

ANMELDEN!

Jetzt anmelden unter:
www.zsverlag.de/newsletter

GEWINNEN

Unter allen Neuabonnierenden verlosen wir jeden Monat *eine Gesundheits-* oder *Koch-Box* von ZS.

Großer Maus-Spaß für daheim!

Drinnen & draußen mit der Maus

14,99 € [D]
ISBN 978-3-96584-101-7

Weihnachten mit der Maus

14,99 € [D]
ISBN 978-3-96584-154-3

Gleich weiterlesen!

Jetzt auf betterbooks.de und überall, wo es gute Bücher gibt.